皇澤精藏

The Best
Collection of
Huangzesi
Museum

皇泽寺博物馆藏品集萃

梁咏涛 主编

文物出版社

图书在版编目（CIP）数据

皇泽精藏：皇泽寺博物馆藏品集萃/梁咏涛主
编. —— 北京：文物出版社，2016.12
ISBN 978-7-5010-4565-5

Ⅰ.①皇… Ⅱ.①梁… Ⅲ.①博物馆 – 历史文物 – 广
元市 – 图集 Ⅳ.①K872.713.2

中国版本图书馆CIP数据核字（2016）第068653号

皇澤精藏
皇泽寺博物馆藏品集萃

主　　编：梁咏涛
责任编辑：陈　峰　王　戈
责任印制：陈　杰
装帧设计：雅昌设计中心·北京· 田之友
出版发行：文物出版社
地　　址：北京市东直门内北小街2号楼
邮　　编：100007
网　　址：http://www.wenwu.com
邮　　箱：web@wenwu.com
印　　刷：北京雅昌艺术印刷有限公司
经　　销：新华书店
开　　本：889×1194　1/16
印　　张：15.5
版　　次：2016年12月第1版
印　　次：2016年12月第1次印刷
书　　号：ISBN 978-7-5010-4565-5
定　　价：488.00元

编委会

四川盆地，群山环绕，盆地内外的交往相对困难，故大诗人李白有"蜀道之难难于上青天"的感叹。

古人出入四川盆地，主要是沿着切开或几乎切开盆地边缘山地的两大河谷，即东端的长江三峡河谷和东北端的嘉陵江河谷。自中国的中心都城于西周时期从河洛地区转移到关中地区以后，切开巴山，并几乎切开秦岭的嘉陵道（又名"石牛道""金牛道""川陕蜀道"），就成为四川与中土往来的主要陆上通道。位于嘉陵道上的广元（这里特指原四川绵阳地区的广元县域，今广元利州区、昭化区和朝天区），北过栈道可通西安，南循蜀道可至成都，东南循嘉陵江可至重庆并联通长江水路，西北还可逆白龙江岸等谷道直至陇东，故古人描述广元的形势为"南走剑门，后通巴蜀，西邻嘉陵，为蜀北门。据秦巴之冲，据川陆之会。咽喉要路，四战之地"（宋祝穆《方舆胜览》卷66）；或"前接关表，后据剑门"，为"蜀中古今所必争之地"（明曹学佺《蜀中名胜记》）。

由于广元是四川盆地的主要缺口之一，早在远古时期这里就成为了北方族群迁徙四川的走廊，广元境内发现的中子铺细石器遗址、邓家坪和张家坡新石器遗址，都具有浓厚的西北地区北方史前文化的因素，就是这种史前族群迁徙的物质例证。自从商周之际川陕陆上通道开通，战国时期已有"栈道千里，通于蜀汉"。古蜀国的蜀王将其弟封于葭萌（今广元昭化区昭化镇）为苴侯，苴侯与蜀国的敌对国家巴国勾结，蜀国因此讨伐苴侯和巴国，秦国将四川纳入其版图就是以援助苴、巴为名，先沿石牛道灭蜀，再回头灭苴和巴的（《华阳国志·蜀志》）。广元昭化土基坝遗址、宝轮院的船棺墓地，以及这一带出土的大量铜兵器等战国晚期至汉初的文物，就是这一时期的遗留。秦汉三国时期，大量移民从中土移入四川，带来了发达的中原文化；西汉文翁治蜀以后，四川首府成都出现了全国首座地方官学，东方儒家思想也在四川广为流布。位于川陕蜀道要冲的葭萌（蜀汉改为"汉寿"，西晋改称"晋寿"），已经成为了四川北部重镇，成为当时中原移民的首选迁居地（《史记·货殖列传》），经济和文化都有了较大的发展。广元昭化古城旁的土基坝遗址、费祎墓、鲍三娘墓，以及皇泽寺博物馆收藏的汉代陶器、铜器、画像砖等文物，从一个侧面反映了汉代前后广元的繁荣。

佛教传入中国并广泛流布，深刻地影响到了古代中国的社会和文化，是我国古代历史发展的一个重要转折。地处川陕交通要冲和南北王朝交互作用地区的广元，自然也就成为佛教在西南地区传播的最早区域之一。这时期广元在东晋时已成为晋寿郡，郡治所在仍在益昌县（昭化区昭化镇），却又在今利州区城关镇新设了兴安县，并且这个新县城的重要性迅速提高，先后成为东晋寿郡、西益州、黎州的治所，逐渐代替今昭化镇成为广元一带的区域中心。梁天监元年即北魏景明三年（502年），北魏趁南朝宋、梁政权交替之机，攻陷并占据了先前一直属于南朝的广元一带。北魏末年即东魏初年（534年），萧梁又才乘北魏分裂之机收复四川北部。其后不久，梁元帝承圣二年即西魏废帝二年（553年），西魏又趁萧梁内讧和四川防务空虚之机派遣精兵平定四川，包括广元在内的四川从此归入北朝统治。战乱不已的政治形势，痛苦不堪的社会民生，给佛教的广泛传播提供了契机。就在北魏占据四川北部以后，一些僧侣也来到了今广元利州区一带，他们除了在城市周围千佛崖等地开龛造像外，还在城内营建了佛寺，皇泽寺博物馆收藏的在利州区城关镇内发现的北朝石刻佛教造像，就是这一时期的佛教在广元传播的遗存。由于南、北王朝之间在四川北部和陕南地区的冲突，这一时期的社会经济和文化相对低迷，佛教遗存以外的遗迹和遗物都遗留不多，宝轮院南北朝小型崖墓及其出土的青瓷器，是这一时期很有代表性的遗存。

隋唐两宋时期，四川政局长期相对安定，再加上唐朝皇帝两度入剑南避难，中原地区的达官贵人、诗人文豪、画塑名家、高僧道徒等随之云集四川，促进了四川经济的振兴和文化的繁荣。在整个四川繁荣富足的大背景下，作为四川北部重镇的广元，其水陆要津和川北锁钥的地位越发显现。西魏时在兴安县设置的利州，县和州郡名称虽有过短时的变更，却已成为隋唐两宋时期广元的基本地名，影响十分深远。隋朝鉴于利州为蜀北重镇，在此设总管府以镇之。中国古代著名女皇帝武则天，据说就是其父亲任职利州时出生在广元的，皇泽寺之名及寺中武则天的遗存，或许就与则天皇后有关。北宋嘉佑年间，陈恢利州益昌郡《通判厅题名记》称："益昌之南，陆走剑门，过剑而外，东西川在焉。水走阆、果，由阆、果而去适夔、峡焉。西则文、龙二州，东则会集、壁诸郡，故益昌于蜀，最为都会。"（《舆地纪胜》卷184引）曾经随父居于利州的宋代著名史学家司马光也有"舟航日上下，车马不少闲。近邑辏商贾，远峰自云烟"的《题读书台》诗，形象地描写了当时利州商业的繁华。宋朝是先失去了燕云十六州，以后又失去了中原腹地的疆土狭小的王朝，没有草原可以养马以满足军需，因而以茶换马成为宋王朝获取马匹和加强与西北族群联系的重要政策。利州与陕甘地区的"三关五州"（三关为阶州七方关、凤州仙人关、兴元武休关，五州为阶州、凤州、成州、西和州和天水军）距离很近，水陆交通便捷，自然成为茶马古道上的重要枢纽，茶马贸易的大宗商品也通过水陆通道汇集于此，再辗转向北和西北贩运至各个换马场，从而促进了广元的繁荣。广元皇泽寺、千佛崖、观音崖等石窟的佛教造像，皇泽寺内搬迁保护的宋墓石刻，馆藏的宋墓买地卷和砖雕，以及广元城北的瓷窑铺遗址和馆藏的宋代瓷器，都是这一时期社会经济发展和文化繁荣的物质体现。

蒙古族入主中国及其周边地区，建立了庞大的元王朝，来自北方草原的骑马族群首次成为中国南北的统治者，中国传统文化发生了很大的变化。明代以后，来自东北的满族又一次入主中国，包括衣冠在内的中国传统文化进一步发生变异。在四川，长达四十年左右的宋蒙（元）战争对四川社会经济和文化造成了严重的破坏，有明一代还没能完全恢复，又遭遇了明清之际长达数十年的战火，本来就已经凋敝的社会经济再次遭到毁灭性的破坏，形成了范围广大的空荒无人区。经历了这两次战乱之后，清代大规模地从湖广和陕甘移民四川，四川的人口结构发生了很大的改变，传统的南方文化体系已经转变为北方文化体系，无论是语言还是习俗都与

先前大不相同了。处在四川盆地最北边的广元，这种变化也最为深刻，元朝在这里设置了广元路，广元从此而得名。广元人除了喜欢听川剧外，还要看豫剧，有四川唯一的豫剧团，就从一个侧面说明了这个问题。清代的广元，因清政府鼓励移民、摊丁入亩和放宽商贸等政策，经济和文化都相当发达。广元旧城及昭化古城等地，都是当时商贸的区域中心和中转站，地面文物、地下文物和传世文物都较丰富。纵贯广元市域的川陕蜀道，多数路段明代以来的地面铺石和路旁行道树都还有保存，成为全国目前保存最佳、景观最好的古代驿路遗迹，故"蜀道"广元的路段被列入中国世界文化遗产预备名单。皇泽寺博物馆藏文物中元、明两代文物相对匮乏，清代文物却相当丰富，也是这种历史背景的反映。

我早年在四川绵阳地区（现已撤销）从事文物工作，那时广元县属于绵阳地区。广元是绵阳地区《文物志》编写的试点县，我曾受命协助广元文物部门开展这项工作，在广元住了较长的时间，结识了一些当地文化和文物界的朋友，对广元的历史和文化也有较多的了解。我在北京大学读书和工作后，由于我们学院在广元先后举办过佛教考古和文化线路培训班，并协助广元市文物部门记录当地佛教石刻和编写考古报告，广元市文物部门与我长

期保持着密切的联系。最近，皇泽寺博物馆在编写完成《广元石窟内容总录·皇泽寺卷》《广元皇泽寺文物保护维修工程报告》等书的基础上，又在千余件馆藏文物（包括原广元县文化馆、广元市文物管理所历年征集收藏文物）中挑选出130件具有代表性的精品，对其进行拍照和文字描述，最后分类编写成书，取名为《皇泽精藏——皇泽寺博物馆藏品集萃》交由文物出版社正式出版。在书稿汇集以后，皇泽寺博物馆梁咏涛馆长要我帮助写个序言。咏涛是我在绵阳地区工作时就认识的老朋友，皇泽寺博物馆又是我们的长期合作单位，请我作序是对我的信任，我很高兴地接受了这个任务。序言需要对图书内容进行评论，因而我在动笔写前言之前，仔细阅读了书稿，对图录的图片和文字部分进行了修改、补充和强化。

《皇泽精藏》作为地方文博单位收藏文物的图录来说，相对集中和全面地反映了广元地域文物的种类和特点，是广元古代历史和文化的一个缩影，是广元近五千年以来的人们走过的历史印迹。

在结束这个序言之前，我还想顺带说一下地方文博单位的文物藏品及其出版刊布的问题。

中国是历史悠久的大国，地下埋藏着丰富的历史文物，并有相当数量的传世文物散布民间。近代以来，随着公立文教单位和博物馆的兴起，尤其是中华人民共和国建立以后文博事业的发展昌盛，在国家文物政策法规的规定和引导下，地下出土和传世的文物大多数在土地改革以后逐渐归藏于各级公立博物馆中。这些文物藏品蕴含着丰富的历史文化信息，是研究国家和地域历史的重要史料，是艺术创造和鉴赏的宝贵源泉，有的还具有一定的启迪益智的科学价值。由于这些文物除了一部分收藏在国家和省（市、自治区）一级的大型博物馆中，大多数都还保存在文物出土和传世的当地博物馆和文物保护管理单位，一般公众及研究者难以获知这些文物的信息，即使有一部分在当地博物馆的展厅中展示，也很少有人能够亲临参观。将这些地方文博单位收藏的文物精品陆续刊布出来，对繁荣我国的文化事业和推进学术研究，都将是功德无量的事情。

是为序。

孙 华

北京大学考古文博学院

2016年9月1日

Preface

Reflections of Guangyuan's History

The transportation in the Sichuan Basin, surrounded by mountains, is so difficult, it caused a famous poet, Li Bai, to sigh, saying "roads in Sichuan are hard, because you have to climb up to the turquoise sky". In the ancient times, when people where travelling to Sichuan, their routes were mostly limited to two valleys, cutting or almost cutting the mountainous edge of the basin: the Three Gorges Yangtze River Valley on the east and Jialing River Valley on the northeast. Since the central capital of China has moved during the Western Zhou Period from the modern Henan Province to central Shaanxi Plain, the open pathway leading through Bashan Mountains and the almost open Jialing Tract cutting through Qinling Mountains (also called "Stone Ox Tract", "Golden Ox Tract" or "Chuanshaan Tract") have become the main routes between Sichuan and the Central Plains. Guangyuan (referring to modern-day Lizhou District, Zhaohua District and Chaotian District of Guangyuan County in Mianyang region, Sichuan), located on Jialing Tract, with mountain plank road to Xi'an in the North, road to Chengdu in the South, passage along the Jialing River to Chongqing and Yangtze River in the Southeast and valleys such as Bailong River Valley leading to modern-day east Gansu Province in the Northwest. In the ancient times, people used to call Guangyuan "the Great Battlefield of Sichuan", referring to its strategic position at the convergence point of multiple routes.

As Guangyuan is one of the entrances to the Sichuan Basin, it has been a corridor used by peoples of the North migrating to Sichuan since the ancient times. Therefore, items found in archeorogical sites within its bounduaries, such as Zhongzipu Microlithic site, Dengjiaping and Zhangjiapo Neolithic sites, all show strong characteristics typical of prehistoric culture of the Northern peoples of Northwestern China and are a physical proof of such migrations. After the construction of roads between Sichuan and Shaanxi during the Shang and Zhou periods, a saying appeared in the late Zhou Warring States Period: "thousands of miles of plank roads all lead to Shuhan (Sichuan)". When Qin Dynasty was rising to power in the Central Plains, younger brother of Shu (Sichuan) king was appointed the governor of Jiameng (modern-day Zhaohua Township of Guangyuan's Zhaohua District), leading to an escalation of conflict between Shu and its enemy, the Ba kingdom, and causing Shu to send armed forces to surpress Ba. Then the Qin's forces entered Sichuan, supposedly to aid the governor in his fight with Ba, went down the "Stone Ox Tract" and conquered the Shu kingdom – and on their way back vanquished both the governor and the Ba kingdom.

Tujiba site, Baolunyuan Coffin Graveyard and numerous bronze weapons late Warring States period and early Han period, unearthed in Guangyuan Zhaohua District, are all remnants of this era. During Qin, Han and Three Kingdoms periods, many people migrated from the Central Plains to Sichuan, along with their well-developed Central Plains culture. After the rule of Wen Weng, administrator appointed by the Western Han, China's first local official school was founded in Sichuan's biggest city, Chengdu, at the same time Confucian thought became more and more widespread. Jiameng (renamed "Hanshou" during the Shuhan period and "Jinshou" during the Western Jin), located in the corridor between Sichuan and Shaanxi, became a strategic town in Northern Sichuan, and was the first destination for immigrants from Central Plains ("Records of the Grand Historian: Economic Affairs"). Economy and culture flourished. Tujiba site, Feiyi tomb and Baosanniang tomb, all near Guangyuan Zhaohua Old Town, along with Han period ceramics, bronze artifacts and painted bricks stored in the Hanzesi Museum, fully reflect how thriving Guangyuan was during the Han Dynasty.

The appearance and spread of Buddhism was a turning point in Chinese history, as it greatly influenced ancient China's society and culture. Guangyuan, located in the middle of the tract between Shaanxi and Sichuan and in a region where Southern and Northern Dynasties were interacting with each other naturally became one of the earliest hubs from which Buddhism was spreading in Southwestern China. During Eastern Jin period Guangyuan was named Jinshou County, still under the rule of Yichang County (modern-day Zhaohua Township of Zhaohua District), at the same time Xing'an County was set up in today's Chengguan Township of Lizhou District. This new settlement quickly grew in importance, its rule spread to eastern Jinshou County and western Yizhou and Lizhou areas, gradually substituting Zhaohua Township as the center of Guangyuan region. During the first year of the Tianlan period of the Liang Dynasty or the third year of the Jingming period of the Northern Wei Dynasty (AD 502), Northern Wei took advantage of the possibility to take over Southern Song and Liang Dynasties and took control of Guangyuan region, which up to this point had always been controlled by Southern dynasties. In the last year of the Northern Wei Dynasty or the first year of the Eastern Wei Dynasty (AD 534), the Liang Dynasty saw an opportunity caused by the divide in the Northern Wei and took back Northern Sichuan. Not much later, in the second year of the Chensheng period of the Liang Dynasty or the second year of the Feidi period of the Western Wei (AD 553), Western Wei used internal conflicts of the Liang Dynasty and the area's weak defenses to its advantage and sent troops to occupy Sichuan: since then, the region including Guangyuan had gone back under the rule of Northern Dynasties. Endless wars and hardships encountered by locals created a fertile ground for the spread of Buddhism. After the occupation of Sichuan by the Northern Wei, numerous monks also arrived to Guangyuan. Not only did they leave behind many open niche sculptures such as the Thousand-Buddha Cliff, but also

constructed temples in the city. The stone Buddha sculptures from the Northern Wei period, found in Chengguan Township of Lizhou District, now stored in the Huangzesi Museum are a material proof of Buddhism spread to Guangyuan during this era. Due to an economic and cultural downturn caused by many conflicts between Southern and Northern Dynasties in Sichuan and Shaanxi apart from Buddhist artifacts there are not many relics of that period, the most representative being the Baolunyuan Coffin Graveyard and celadon wares.

During the Sui and Tang Dynasties the rule in Sichuan was stable, and especially with An Lushan's rebellion in the North, many famous politicians, scholars, artists and monks migrated to Sichuan, greatly boosting local economy and culture. While the whole region was flourishing, Guangyuan emerged as the center of Northern Sichuan, with its abundant natural resources further solidifying its leading position. Lizhou, established in Xing'an County during the Eastern Wei, even though it had undergone multiple name changes, emerged as the main, most influential toponym of Guangyuan during the Sui, Tang and both Song Dynasties. The Sui recognized Lizhou as the center of Northern Sichuan, and established its government there. China's famous female emperor, Wu Zetian, is said to had been born in Guangyuan while her father was posted there. There are numerous artifacts from the time of her reign stored in the Huangze Temple, which was also named after her. During the Jiayou period of the Northern Song Dynasty (AD 1056-1063), Chen Hui stated the following in "Yichang County Official Chronicles": "Jianmen Pass can be seen from the Southern part of Yichang. After crossing it, both Eastern and Western Sichuan can be reached by land routes. Water routes from Yichang pass through Langzhong and Guocheng to Kuimen and the Three Gorges Yangtze River Valley. In the West there are Wenzhou and Longzhou, and in the East there is Bizhu County. It is obvious how important is the role of Yichang in Sichuan". Sima Guang, famous Song period historian, who used to live in Lizhou along with his father, said: "Boats going up and down and restless carriages. In the proximity I can see merchants, and in the distance there are white clouds" ("The geography of Ji Sheng", scroll 184), referring to the bustling commerce of Lizhou.

Due to the loss of the Sixteen Prefectures of Yan and Yun (nearby present-day Beijing) and the Central Plains, the Song Dynasty did not have enough steppes to sustain the number of horses required by the military, and therefore it established relations with Northwestern tribes, trading tea for horses. As Lizhou was close to "Three Passes and Five Prefectures" of Shaanxi and Gansu (Three Passes referring to Qifang Pass in Jiazhou, Xianren Pass in Fengzhou and Wuxiu Pass in Xingyuan, Five Prefectures referring to Jiazhou, Fengzhou, Chengzhou, Xihe Prefecture and Tianshuijun), land and water transportation was convenient, it naturally became an important hub along the Ancient Tea Horse Road. Therefore, multiple commodities arrived to Guangyuan by water and land trade routes and to be transported later to horse exchanges in the North and West, further facilitating Guangyuan's development. Stone Buddha engravings, such as those in Huangze Temple, Thousand-Buddha Cliff and Guanyin Cliff, along with the Song engraved tombstones, collections of tomb scrolls and tomb bricks, collections of Song porcelain and remnants of porcelain shops in the North of the city, all embody the level of social and cultural development of that time.

When the Mongols entered China and established the Yuan Dynasty, China's traditional culture was impacted greatly, as it was the first time the empire was ruled by horse riders from Northern steppes. The second time China was ruled by foreigners was after the Ming Dynasty, when the Manchu invaded from the Northeast, further changing multiple aspects of Chinese culture, including even elements such as traditional clothing. In Sichuan, a forty-year long war between the Song and the Mongols led to severe economic and cultural breakdown. The society still had not completely recovered during the Ming period, when it was hit again by decades-long skirmishes between the Ming and the Qing. Already withering society suffered another devastating blow and many once flourishing areas became no man's land. After two calamitous wars, the Qing period brought about migrations from modern-day Hunan, Hubei, Guangxi, Guangdong, Shaanxi and Gansu Provinces. Sichuan's population rose rapidly, Southern culture took on Northern characteristics, elements such as language, customs, etc. all differed greatly from those in the past. In Guangyuan, located in the northernmost part of the Sichuan basin, the changes were the most profound. The Yuan Dynasty established the Guangyuan Tract, after which the city was named. Guangyuan locals, apart from watching Sichuanese Operas also enjoy Henanese Operas, and the only Henanese Opera troupe in Sichuan is based in this region. During the Qing Dynasty, due to the government promoting migration into Sichuan and thanks to taxation system and commercial policy reforms, economy and culture was relatively developed. As Guangyuan Old City and Zhaohua Old Town became the region's commercial hub, the cultural remnants and relics from this period are very abundant. The ancient tract from Sichuan to Shaanxi, crossing through Guanyuan, along with multiple stone pavements and roadside trees along Ming period paths, are among the best preserved and most picturesque in the country. Guangyuan roads are also listed as an UNESCO World Cultural Heritage candidate. The situation during the Yuan, Ming and Qing Dynasties is accurately reflected by Huangzesi Museum collections: while the exhibits from the Yuan and Ming Dynasties are somewhat lacking, the artifacts from the Qing period are abundant.

Many years ago, when Guangyuan County belonged to the currently non-existing Mianyang Region, I worked with historical artifacts. Guangyuan was the pilot county of Mianyang's "Cultural Relics" compilation, and I was responsible for aiding Guangyuan's Cultural Relics Department in implementing this work. After living in Guangyuan for quite a long time, I made some friends in local archeological circles and gained a relatively deep understanding of the region's history and culture. While studying and subsequently working at Peking University, due to training courses on Buddhist archeology and cultural significance of roads organized by our institute in Guangyuan, I was able to help local Cultural Relics Department in cataloging Buddhist stone engravings and preparing archeological reports. It allowed me to maintain close, long-term relations with the Department. In the end, Huangzesi Museum, basing on "The Catalogue of Guangyuan Grottoes: Huangze Temple" and "Guangyuan Huangze Temple Cultural Relics Conservation Project Report", chose 130 most representative artifacts out of over a thousand collected remnants (including those that used to be stored by Guangyuan County Cultural Center and Guangyuan Municipal Cultural Management Bureau). Photographs and descriptions of each item were cataloged and edited into "The Best Collection of Huangze-The Best Collection of Huangzesi Museum", which later was handed to Cultural Relics Press to be officially published. When the compilation work was complete, Huangzesi Museum curator, Liang Yongtao, asked me to write a preface. Yongtao is my old friend from the time I worked in Mianyang, I have cooperated multiple times with Huangzesi Museum, and this request showed their trust in me: and I was very happy to accept. A preface has to review the book's contents, therefore before taking my pen I cautiously studied the manuscript and meticulously perfected all texts and images.

"The Best Collection of Huangze", as a catalogue of a prefecture-level city museum's collection, quite accurately and comprehensively reflects the characteristics of local archeological artifacts. It shows the essence of ancient Guangyuan culture and serves as a testimony of Guangyuan's almost five-thousand year long history.

Before finishing this preface, I would wish to point out a crucial issue regarding the collections stored in local heritage institutions. China is a huge country with a long history, abundant archeological remnants still hidden underground, and numerous priceless artifacts lost over the course of history. In the modern era, especially since the foundation of the PRC, cultural and educational undertakings develop prosperously, following the rise of public educational institutions and museums. In accordance with national policies and regulations, the majority of excavated relics and precious artifacts have been handed over to public museums of various levels. These remnants carry abundant historical and cultural information, are a crucial source of data for scholars and objects of high artistic value. Some of them also hold a certain scientific value. However, apart from those stored in top-level, national and provincial museums, the majority of the unearthed remnants is kept in local museums and heritage institutions. Any data regarding these artifacts is difficult to obtain both for the public and the scholars, and some of them, even though exhibited in museum halls, are rarely viewed. If the information about the most exquisite objects from the collections of local institutions could be compiled and published, it would greatly promote the advancement of scientific research and aid in the development of cultural undertakings in China.

As a preface

Sun Hua
School of Archaeology and Museology, Peking University
September 1, 2016

目 录

List

图版
List of Plates

目录

大约150万至250万年前，进化出可以制造工具的能人；约1万年前，人类能够生产磨制石器和陶器，社会进入新石器时代，直至青铜器被发明和使用才结束。制造工具和磨制石器，今天看来如小儿做玩物，实际却是人类进化的艰难而且关键的一步——人类通过劳动和制造工具，在生存竞争中选择了大脑的进化，所以成为地球上最智慧的物种，成为万物的灵长，有了人类文明。广元是四川盆地重要的新石器时代文化的分布区域，在市域的中子铺、张家山、邓家坪等地，都发现有石器文化的遗址。其中朝天中子铺遗址出土了不少打制的细石器，对于认识旧、新石器的过渡和细石器工艺在四川的分布，很有意义。张家山遗址位于皇泽寺附近，这里发现的新石器时代晚期的文化，属于西北甘青地区马家窑文化南下的变体，皇泽寺博物馆征集的两件磨制石器，应该属于该文化的遗存。

　　新石器时代以后，人们尽管不再以石料制作工具和武器，却一直使用质料很好的石料制作佩戴饰件、室内陈设、文房用品等工艺品。除了中国人从古迄今都普遍喜欢的玉器外，广元皇泽寺博物馆还收藏了一些近代地方传统石刻工艺的佳作，这就是雾山石刻和白花石刻，增加了皇泽寺藏品的地方特色。

　　雾山石刻是广元的近邻江油的著名传统石雕工艺作品。石刻所用石材产于江油市著名的风景名胜观雾山，其石质地坚硬，纹理细密，色黑如墨，故又名"墨石"。墨石便于开片，据说早在明末当地人就开始采用这种石料作为碑版，清代早期又有人采用这种石材制作砚台等文具，到了清代中叶，雾山石刻得到了较大发展，产品远销川渝陕甘地区，品种也从砚台发展到刻制笔筒、花瓶、花盆、桌面、挂屏、座屏等。民国年间，雾山石刻发展到顶峰，雾山石屏与船山字画一样，成为川渝地区殷实人家追求的室内陈设。皇泽寺博物馆收藏的两件雾山石挂屏，应该就是这时被广元的士绅订购的。

白花石刻是广元本地著名的传统石雕工艺品。石刻所用石料采自本县北部太平乡一带，那里出产一种细密柔润、褐色夹白花的石料，当地人称白花石。大约在清咸丰年间，就有当地匠人用白花石制作砚台出售。光绪末年，巴中县的魏喜先、魏礼先来广元随叔学艺，艺成后在县城北街开设"老铁笔斋"，根据白花石的材质特点，随料雕刻成以褐色为基调、白色为点缀的石刻工艺品。石刻的种类有砚台、笔筒、花瓶、鱼钵、果盒、座屏，雕刻技法则在光素的器表利用白色纹理浮雕山水、人物、花鸟、禽兽，图案内容主要有喜鹊闹梅、白鹭荷花、松鼠葡萄、松鹤延年、苏武牧羊、嫦娥奔月、剑门雄关等。皇泽寺收藏的四件白花石刻都是20世纪50年代的作品，都出自白花石刻名家魏氏兄弟之手，为白花石刻的珍品。

皇泽寺博物馆还收藏有多方古代石质的买地券，这些买地券都是南宋时期的遗物，石券上刻有道教符号，文字也多用道教符箓的用语，反映了当时人们注重安身立命的土地，不仅生前要拥有土地，死后也要在阴间拥有土地的迷信观念和社会习俗。

皇泽精藏　　　　石 器　Stone Wares

磨制厚体石斧

时代：新石器时代
来源：1990年广元老城银运中心前工地采集
质地：石
尺寸：长12.7、宽4.8－5.5、厚3厘米

这是从河滩上选取硬度较高的青灰色砂岩砾石，经过精细双面磨制，制成双面刃石斧。石斧呈厚体长方形，顶端保留自然石料的形态，但两侧经过人工琢平，前端两面则仔细磨制弧形刃，刃口比较锐利，器形古朴美观。

Thick Polished Stone Axe

Era: Neolithic Age
Source: unearthed from the former construction site of the Old Town Transportation Center of Guangyuan in 1990
Material: Stone
Dimensions: Length 12.7, Width 4.8－5.5, Thickness 3cm

时代：新石器时代
来源：1992年广元征集
质地：石
尺寸：长8.3、厚1.8厘米

Thin Polished Stone Axe

Era: Neolithic Age
Source: collected from Guangyuan in 1992
Material: Stone
Dimensions: Length 8.3, Thickness 1.8cm

　　这件新石器时代晚期的石斧也是选用硬度较高的青灰色鹅卵石制成。石料拣选自河床，经过千百年的流水冲刷和沙石磨砺，表面已经相当光滑圆润，只需对其中较宽一端加以琢磨，就可成为合用的石斧。石斧形态呈稍长的梯形，两侧及后端呈自然的弧形，前端双面相对磨制成刃，刃部精细，弧形刃口锋利。

嘉定元年买地石券

时代：宋
来源：1999年广元市中区公安分局刑警队移交
质地：石
尺寸：长33.8、宽32.6、厚2.6厘米

Stone Land Purchasing Bill of the 1st Year of the Jiading Period

Era: Song Dynasty
Source: handed over by the criminal police team of the Shizhong District Public Security Sub-Bureau of Guangyuan in 1999
Material: Stone
Dimensions: Length 33.8, Width 32.6, Thickness 2.6cm

　　这块南宋嘉定元年（1208年）的石质买地券，是当时民间为死者向阴间购买葬地的假设土地交易的刻在石板上的文契，并随死者一起埋葬于墓中作为凭证。石板大致呈方形，四中及四角对称刻八卦卦象，其间再对称刻有楷书的"大富"（上）、"贵"（下）、"永保"（左）、"千秋"（右）。券文从左至右书刻，共10行，行13～16字，共150字，记录南宋嘉定元年为一位张姓死者在"本县第一都白沙里打石溪西山下"买地造墓订立阴间契约一事。这不仅丰富了宋代此类买地券的材料，对于了解买地券出土土地古今小地名的变迁，也具有史料文献价值。

附：录文

维大宋嘉定元年岁次戊辰九月戊戌
朔十二日己酉，男弟子张彦忠详以卜兆
宜于本县第一都白沙里打石溪西山下
吉穴，安厝宅兆一所。谨用白信钱卖地
一段，内方分擘明堂、四域、丘□，墓伯封步
界畔，道路将军齐整，永保千秋。若辄
忏犯之者，今以牡牢酒饴其为信契，财
地交付，工匠建立，已后永保清吉。知见
人岁月，主保人今日直符。故凭邪
不得忏怵者，急急如五帝使者女青敕。

故

解忤垢者急急如立帝使曹女青叔

人咸月主保人今日直符故東邪精不

大世交付工匠速立己後永保清吉知見大

仟伯書令以牲牢酒脯為信契則蚭

界畔道路将軍不輕永保千秋若蚭

一段丙方分擘明堂四域立未作諸步

古凭安曆定北一所運用白信錢買地

立於午縣第二部白水里折石溪一西下

时代：宋
来源：1995年广元市朝天区羊木镇菜籽坎乡征集
质地：石
尺寸：长27、宽21.7、厚2.3厘米

嘉定十三年买地石券

Stone Land Purchasing Bill of the 13th Year of the Jiading Period

Era: Song Dynasty
Source: collected from Caizikan Township, Yangmu Town, Chaotian District, Guangyuan City on March 15, 1995
Material: stone
Dimensions: Length 27, Width 21.7, Thickness 2.3cm

　　这块南宋嘉定十三年（1220年）的石质买地券，刻在一块长方形的石板上，周边有阴线外框，框内从右至左书刻楷书的买地券文。文共12行，除最后三行外，每行16至21字，共180字。券文主要内容是为生前居住在"利州宁武军绵谷县石亭乡地名白羊口"的李二娘在西山下买墓地，并有天地神灵主持见证买卖程序之类。这有助于认识当时的宗教观念和埋葬习俗。

附：录文

　　谨维大宋嘉定十三岁太岁庚辰八月戊午朔十四日
辛未，利州宁武军绵谷县石亭乡地名白羊口居住
清信女弟子李氏二娘，今用券钱九十九贯九文
就此皇天父、石土母处买到西山墓田一顷。周
流在内，酉穴将用，百年安厝，候百年身名自有
随身券牒为凭。照用即日，钱财分数。四界
了保人张坚固，量地人李定度，知见人东
王父西王母，书契人石功曹，读契人金主簿。
东至青龙，西至白虎，南朱雀，北至玄武，上至
青天，下至黄泉，急急一如
五帝女青
认书律令。

維大宋嘉定十三年歲庚辰八月乙卯朔十四日

辛未荊州守武軍綿谷縣□亭鄉地名白羊□居住

清信女弟子李氏二娘今用券歲九十九貫九文

故此皇天父后土毋閱買到西山下墓田一頃周

流在内置穴將用百年安居候百年身名自有

隨身券牒為憑照用郎日錢財分數票

了保人張堅固量地人李定度知見人東

王父並王毋告賣火公曹顗契夢人金主簿

皇宋买地石券

时代：宋
来源：1976年广元征集
质地：石
尺寸：长32.5、宽32、厚3.2厘米

Huangsong Stone Land Purchasing Bill

Era: Song Dynasty
Source: collected from Guangyuan in 1976
Material: Stone
Dimensions: Length32.5, Width 32, Thickness 3.2cm

　　该买地券书刻在一块方形的青砂石板上，从右至左书刻，文字为规整的楷书，共11行，行11字，共121字。券文简练，连年号也没有写出。券文内容是"皇宋利州宁武军绵谷县北子城善化坊居住阳官宋巳"在"本州平都里西坝东山之下"买坟田，故立这个买地券，请天地神明主持并见证。宋皇宋年号的石质买地券，是当时民间一桩土地交易的文契，具有历史文献价值。

附：录文

　　皇宋利州宁武军绵谷县北
　　子城善化坊居住阳官宋巳，
　　用钱九百九十九贯于本州
　　平都里西坝东山之下买到
　　坟田一段，东至青龙，南至朱
　　雀，西至白虎，北至玄武，当日
　　地钱分付，天地神明：张坚固、
　　李定度，收钱人石功曹，印契
　　人金主簿，同见人东王父、西
　　王母，读契人上天，书契人东
　　海。去急急如太上女青律令。

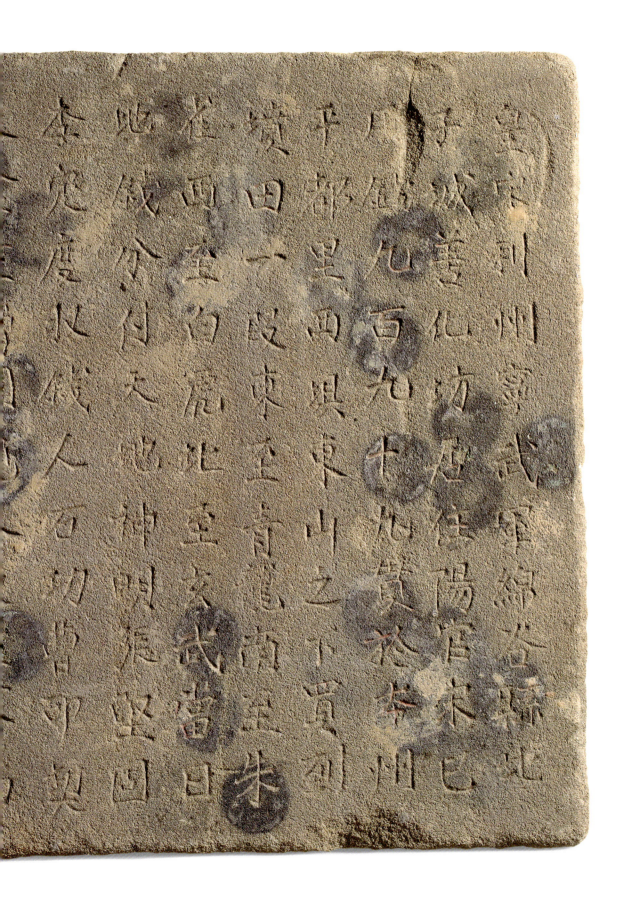

本 址 崔 墳 平 　 　 寅
怨 咸 兩 田 都 　 滅 剛
應 永 至 一 里 九 善 州
水 自 百 段 兩 百 仁 州
咸 天 虎 東 與 九 功 寧
人 地 北 至 東 十 座 武
石 神 立 青 山 旭 佳 軍
功 明 亥 壹 之 貴 陽 綿
曾 痕 咸 南 卜 於 官 谷
卯 堅 蕾 　 貫 　 本 縣
奧 回 自 朱 祠 州 巳 延

029

楼阁人物石座屏

时代：近代
来源：1973年广元征集
质地：石
尺寸：长42.7、宽33.8、厚2.2厘米

Stone Seat Screen of Pavilion Figures

Era: Modern Times
Source: collected from Guangyuan in 1973
Material: Stone
Dimensions: Length 42.7, Width 33.8,
Thickness 2.2cm

　　这石屏巧妙利用石头的两种原色，分别设计殿堂、庭院、天空、人物、树木等，俏色雕刻而未加染色处理，颇有国画之界画和玉器的俏色玉雕韵味，堪称石刻挂屏的佳品。梧桐、芭蕉和柳树生意盎然，楼台、太湖石和地面铺石质感十足，人物、马匹和皓月祥云也都惟妙惟肖。人物衣纹和楼屋隔扇均如工笔细描，梧桐树干、马匹、太湖石和中间男子的衣服，均利用石材本具的纹理。设计之高妙，构图之和谐，雕刻之精工，神气之生动，处处显示出独运的匠心。

山水花鸟人物石屏

时代：近代
来源：1973年广元征集
质地：汉白玉
尺寸：长47.5、宽34.5厘米

Stone Screen of Landscape, Flowers,
birds and Figures

Era: Modern Times
Source: collected from Guangyuan in 1973
Material: White Marble
Dimensions: Length 47.5, Width 34.5cm

　　这件近代山水花鸟人物汉白玉石屏，双面皆有减地浅浮雕的图画。左图所示的一面雕刻扶杖长老在童子陪伴下观赏梅花，长者似沉浸于赏梅之中，而童子则躁动顽皮。临水生长的梅树遒劲的主干已枯死，从根部又长出新干新枝，而新花傲寒怒放，可谓感动人心。右图所示的一面则用写意间加工笔法雕刻山村农家。农舍周围有群山和古树修竹、小桥流水，天上有喜鹊和丽日祥云，是中国传统农业社会的写照。

『雾山霖雨』石条屏

时代：近代
来源：1951年广元土改收集
质地：石
尺寸：长82.1、宽23.9厘米

"Continuous Rain in the Misty Mountains"
Stone Bar Screen

Era: Modern Times
Source: collected in the land reform of
Guangyuan in 1951
Material: stone
Dimensions: Length 82.1, Width 23.9cm

　　石屏材质为四川江油观雾山一带出产的
雾山石板，表现石材产地观雾山的风光。条屏
呈狭长方形，表面打磨光滑，采用中国传统绘
画手法，以琢点为地，表现浩渺河水和辽阔天
空。保留光滑原石面为画面轮廓，并在轮廓中
用阴线表现山石、古树、桥梁、寺观和人物，
给人以石刻水墨山水画的感觉。画面右上方的
留空处刻行书题款："雾山霖雨——江油八景
之一。法□□老人大意。"共3行17字。四川
江油观雾山在川北名山窦圌山的对面，也是著
名的风景胜地，山上有明代无梁殿、极乐寺等
名胜。其山位于涪江出山处，常年云雾笼罩，
故"雾山灵雨"是旧时江油八景之一。画面中
雾山挺秀，草木华滋，景色迷人，一人手撑雨
伞正在过桥，将雨中观雾山之意很好地表现
出来。

"Continuous Rain in the Misty Mountains"
Stone Bar Screen

035

『飞仙可渡』石条屏

时代：近代
来源：1951年广元土改收集
质地：石
尺寸：长82、宽23.7厘米

"Immortals Flying Across the River"
Stone Bar Screen

Era: Modern Times
Source: collected in the land reform of
Guangyuan in 1951
Material: Stone
Dimensions:Length 82, Width 23.7cm

　　条屏由产自四川江油的黑色雾山石制成，与馆藏"雾山霖雨"石条屏均为民国年间的作品。石刻采用雾山石刻传统琢地阴刻技法，在磨光的石面上留出边框和所要表现的画面，再在画面上用阴线雕刻细部，其余石面琢刻打毛。画面上部双峰高耸，纤细的峰顶各有一殿宇，两道铁索联系着双峰，一仙人正脚踏手扶铁索而过。画面中下部是嶙峋的怪石，苍翠的林木，掩映的古寺，盘旋的山道，两位朝山者正拾级而上。在朝山者右侧，还刻有一渡船，暗示了这些朝山者是先渡河再登山的先后途程。画面右上方有题款5行31字："飞仙可渡——戊寅年孟春，以为公武相尊大人六旬□一寿纪之喜，□□王煊拜祝。"从山水特征和题款可知，该石刻表现的题材是位于江油武都镇涪江东岸的窦圌山。窦圌山是川北名山，传说为仙人豆（窦）子明修道之所，山顶双峰耸立，如屯粮之圌，一峰有险道可登，另一峰则只有铁索两道可达。唐代大诗人李白少年时咏窦圌山诗云："樵夫与耕者，出入画屏中"，展现了窦圌山的如画风光。

『苏武牧羊』石屏

时代：现代
来源：1957年广元征集
质地：石
尺寸：长24.2、宽15.2、厚0.8厘米

"Su Wu Tending Shepherd" Stone Screen

Era: Contemporary Age
Source: collected from Guangyuan in 1957
Material: Stone
Dimensions: Length 24.2, Width 15.2,
Thickness 0.8cm

　　玉料或石料中有一些成色并不均匀，而玉石匠工却创造了令人惊叹的"俏色雕"。俏色雕又称巧雕、俏雕，是玉石匠工经过构思设计，因材料本具的不同颜色和皮色而制宜，将色差利用融合到作品之中，从而产生一种巧夺天工之美，具有很强的艺术感染力。这件白花石屏是广元民间石雕名家魏喜先、魏礼先于1957年制作，内容是苏武牧羊故事。雕刻家利用白花石的褐地白花特质，表现白雪皑皑的远山、浅雪茂草的原野、雪压枝头的枯树、褐白两色的群羊，以及身着褐色风帽和长袍的苏武，令人感觉到寒气逼人、荒原凄凉。画面中苏武手扶节杖独立枯树旁，树下卧一白羊，前景是白褐交错的草地和正在吃草的羊群，将全身褐色的苏武衬托出来。苏武全身褐色，头部的长须却是白色，这一巧妙用色突出展现了苏武被匈奴扣押在北海牧羊，十九年须发斑白后才返回故国的故事。

『喜鹊闹梅』石方瓶

时代：现代
来源：1957年广元征集
质地：石
尺寸：通高29厘米

"Magpies on a Plum Tree" Square Stone Vase

Era: Contemporary Age
Source: collected from Guangyuan in 1957
Material: Stone
Dimensions: Overall Height 29cm

该石方瓶选取白花石俏色雕凿而成，截面呈长方形，立面为中口微侈、短颈耸肩、长腹平底，造型瘦高古雅。瓶身宽面一侧，利用褐色石料中白色夹层，高浮雕一枝梅花和两只喜鹊。喜鹊闹梅历来是中国艺术喜爱的题材，喜鹊灵气，梅枝苍古，梅花雅洁，有"喜上眉梢"的寓意。瓶身以褐色的树枝配白色的花朵，再加上白身褐喙的鸟，色彩对比鲜明，颇具匠心。

『喜鹊闹梅』 石盖盒

时代：现代
来源：1957年广元征集
质地：石
尺寸：通高7.6厘米

"Magpies on a Plum Tree" Stone Packing Box

Era: Contemporary Age
Source: collected from Guangyuan in 1957
Material: Stone
Dimensions:Overall Height 7.6cm

　　中国民间认为喜鹊叫声婉转，并有"喜鹊叫好事到"之说；又称梅为报春花，传说梅具"初生为元，开花如亨，结子为利，成熟为贞"四德，五瓣花象征"快乐、幸福、长寿、顺利与和平"五福。"喜鹊登梅"是传统吉祥图案，民间常将喜鹊登梅作品陈列家中。这件广元民间石雕名家魏喜先、魏礼先于1957年用白花石制作的俏雕石盒，盒盖上所刻喜鹊闹梅图栩栩如生，梅花开得又大又热闹，更有含苞待放者，喜鹊则俏皮地望着天上，似等候天降吉庆。

『鹭鸶莲花』石笔筒

时代：现代
来源：1957年广元征集
质地：石
尺寸：高23.8厘米

"Egrets and Lotus Flowers" Stone Brush Pot

Era: Contemporary Age
Source: collected from Guangyuan in 1957
Material: Stone
Dimensions: Overall Height 23.8cm

　　这件现代白花石雕笔筒巧妙利用石材褐白相间的层理，采用三层俏雕的手法，在笔筒的两面雕刻两组褐白相间的花鸟图画。图画内容是传统吉祥图案，一面是鹭鸶莲花，一面是松鼠葡萄。鹭鸶、莲花、松鼠、葡萄呈白色，而荷叶、荷茎及葡萄藤叶为褐色，并巧妙地留出褐色的鸟足、鸟喙、鼠头和身上的斑纹，使这些部位显得十分突出。葡萄松鼠与鹭鸶莲荷都是传统吉祥图案，以葡萄果实繁多象征着丰收，以十二时辰中的"子"鼠象征多子，葡萄松鼠图案也就有"富贵多子"之意；莲花和鹭鸶的组合为一鹭莲荷，则有祝福应试考生"一路连科"的寓意。

铜器冶铸技术是古代社会发展阶段的标志性技术成就，铜器本身也是蕴含众多历史和文化信息的工艺美术作品，是中国艺术史四大范畴之一。我国自龙山时代进入了铜石并用时代，在相当于夏代的二里头文化时期进入了青铜时代。不过，在群山环塞的四川盆地，社会发展略微滞后于中原地区，相当于夏商时代的三星堆文化，铜器作为国家最高统治者控制的奢侈品，使用还很不普遍。一直到东周时期的巴蜀文化时期，四川盆地才迎来了青铜冶铸工艺的高峰。广元市域发现的铜器，其年代最早开始于战国时代，就是这种文化背景的反映。

　　广元的战国铜器主要出自船棺墓和土坑墓。20世纪50年代修筑宝成铁路时，就在著名的昭化区宝轮院船棺墓地出土了大量战国铜器，只是这些铜器已经被收藏在当时的西南博物院（今重庆中国三峡博物馆），皇泽寺博物馆收藏的战国铜器都是50年代以后陆续出土的。这些铜器有容器和兵器两大类，铜容器数量尽管不多，但错银云水纹铜壶和云气纹铜钫，就是放在全国范围内来看，也堪称精品；铜兵器数量众多，种类丰富，样式守旧，花纹特别，是巴蜀文化铜器的特色，从中可见当时巴人和蜀人的尚武精神。兵器种类主要有戈、矛、钺、剑等，戈中的虎扑鹿图案中胡铜戈，图案简练生动，颇为罕见；矛有短骹、长骹两类，骹直通矛锋，旁出对称的弓形耳，相当古朴；剑有巴蜀柳叶剑和中原标准剑两型，巴蜀柳叶形扁茎剑是蜀地传统剑型，剑身表面处理形成的类似虎豹身上的斑纹，使得铜剑表面长期光洁；钺为銎内钺，体腔中空似袋，也很别致。所有战国时期的铜兵器都有特殊的虎、手、心、水波等图形的组合，可能有特殊的象征意义。

　　汉代（包括蜀汉）是四川古代文化发展的一个高峰，广元也不例外。尽管广元在汉代的地位不及战国时期显要，没有出土像战国时期错银云水纹铜壶那样的高品级特种工艺铜器，但汉式铜器两大系列中的日用铜器，也就是器表光素、以造型取胜的铜器却出土了不少。这些日用铜器，既有周代传统的铜容器，如铜鼎、铜壶等，更多的是战国后期新兴的器类，如铜鍪、铜钫、铜蒜头壶、铜洗、铜熏炉、铜镜等。汉代是我国铜镜发展的两个高峰之一，东汉时期，交通便利、经济发达、距离铜矿产地不远的蜀郡（今四川成都）、广汉郡（今四川广汉北）等地区形成了制镜中心，皇泽寺博物馆藏清白重圈铭文铜镜、连弧铭文铜镜等，尽管还不能确认其产地，但四川盆地边缘的广元出土的这些典型汉镜，也可作为这类铜镜广为散布的例证。汉代以后，当时社会器物的重心已经从铜器转变为瓷器和金银器，六朝隋唐五代的铜器已经少见，但唐代的铜镜却获得了超常的发展，成为中国铜镜发展史的另一个高峰。皇泽寺博物馆藏广元出土的绝照四神十二辰铜镜、团花纹葵花形铜镜、花鸟纹菱花形铜镜、缠枝牡丹葵花形铜镜，可见盛唐气象的一斑。

宋代儒学兴盛，复古成为当时的社会思潮，上至皇家，下至一般官民均热衷于收藏商周铜器。为了满足社会对商周秦汉古器的需求，当时各地的铜器作坊铸造了不少仿古铜器，其中不少仿古铜器被私家购买并用于祭祀等场合。四川是宋代儒学兴盛的地区，蜀学与雒学、新学鼎足而三，在宋代学术史上有重要的地位。风气所及，四川人士多喜好仿古铜器，历年来四川出土的宋代仿古铜器超过全国总和，就说明了这个问题。广元是宋代四川的重镇，自然也少不了宋代仿古铜器的出土。皇泽寺博物馆收藏的仿古双耳铜鬲、仿古带箍铜壶，就属于这类器物。当然，宋代日用铜器，尤其是铜镜，在广元也有出土，本图录中的铜净瓶、仙人龟鹤铜镜、湖州双凤纹菱花形铜镜、牛郎织女纹菱花形铜镜、湖州带柄铜镜、海水兽纹瓶形柄铜镜等，就是广元宋代日用铜器的代表。

皇泽寺博物馆还收藏有较多的历代钱币，其中品相精好的铜钱有秦及西汉的"半两"、西汉及东汉的"五铢"、蜀汉的"直百五铢"、唐代的"开元通宝"、南宋的"嘉定元宝""咸元重宝"等等。这些钱币对于了解广元一带古代商品经济状况，也有一定帮助。

时代：战国
来源：1972年广元南河牛奶场工人陈文昭耕
地时发现
质地：青铜
尺寸：通高51.4、盖高6.95、口径14.4、底径
17.3、腹径29.6厘米

Bronze Silver-Inlaid Pot with Lid and Cloud and Water Patterns

Era: Warring States
Source: Discovered by Chen Wenzhao, worker of Guangyuan Nanhe Dairy, while he was plowing land in 1972.
Material: Bronze
Dimensions: Overall Height 51.4, Lid Height 6.95, Mouth Diameter 14.4, Bottom Diameter 17.3, Abdominal Diameter 29.6cm

壶为圆形，上罩伞形器盖，盖面分列抽象的鸟形纽。壶颈微内曲，圆肩鼓腹，下有直圈足，肩部两侧有对称的衔环铺首。壶盖纹饰两周，盖顶为总体构图近似旋涡纹的对卷云纹，其外为细密的云气纹；壶身口沿饰交错的勾连云纹窄带，其下为以对卷云纹为基本构图单元的云水主纹，主题纹样下的素地上缀心形垂叶纹，圈足上饰一道水波纹。这些花纹的线条均为银错，以简洁的造型配以繁丽的纹饰，纹饰旋转跌宕却又不失均齐规整，具有良好的装饰效果。它是战国晚期巴蜀文化铜器中受楚文化铜器影响产生的新风格。同样的铜壶在重庆涪陵区小田溪也有发现，均很精妙。

云
气
纹
铜
钫

时代：战国
来源：1989年广元东坝陈家壕村九组机砖厂
出土
质地：青铜
尺寸：高50.5厘米

Bronze Fang with Cloud and Air Patterns

Era: Warring States
Source: unearthed from the brick factory
of Group 9 of Chenjiahao Village, Dongba,
Guangyuan in 1989
Material: Stone
Dimensions: Height 50.5cm

　　钫是战国、秦汉时期流行的一种青铜质方口大腹的容器，用以盛装酒浆。这件战国晚期的青铜铺首衔环云纹钫，虽然锈迹斑斑，但口沿外、颈、腹、足部皆满饰卷云纹，腹下部饰三角形云纹，仍可见原先铸造之精美。其中颈部和腹部装饰的对卷云气纹，是对卷夔龙纹的抽象和演化，纹样流畅对称、连绵缭绕，至为美观。从云气纹的线条侧壁陡直、留空较深的现象看，当初纹间或许还填有其他材质的装饰，色彩绚丽夺目。

虎豹扑鹿纹铜戈

时代：战国

来源：1985年广元宝轮镇征集

质地：青铜

尺寸：全长25.6、通高24.8厘米，其中内长
8.5、宽4.5、厚0.25、胡长16.65、高14.5厘米

Halberd with Patterns of Tigers and
Leopards Hunting at Deer

Era: Warring States
Source: collected from Baolun Town,
Guangyuan in 1985
Material: Bronze
Dimensions: Overall Length 25.6, Overall
Height 24.8, Inner Length 8.5, Width 4.5,
Thickness 0.25, Length of the Hu 16.65,
Height 14.5cm

　　这件战国青铜兽纹戈，援部略上昂，中
胡三穿，直内上一穿，内尾。戈的两面均錾刻
相同的虎豹扑鹿纹，其中援部和胡部都是一虎
豹面向二小鹿，内部则是一曲身虎豹正在撕咬
一小鹿。动物纹样都是以阴线勾勒动物轮廓，
以錾点填布身躯，很有特点。如此装饰的铜
戈，很可能属于有一定地位的人士。经过很长
时间，表面铜绿形成一种类似玉石的光泽。

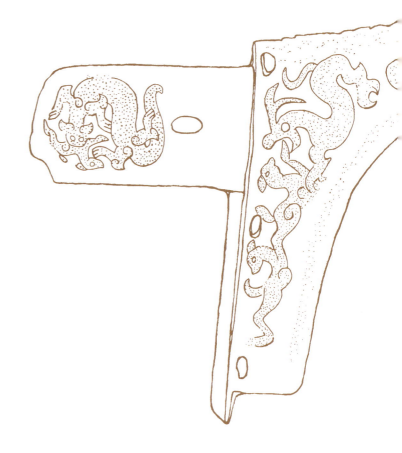

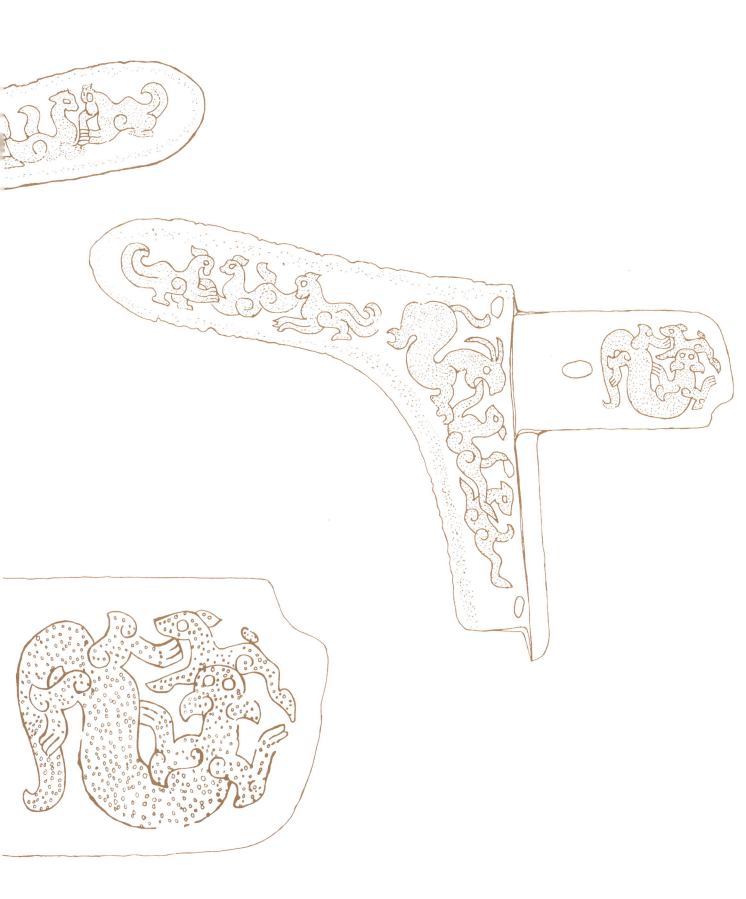

成阳内刃铜戈

时代：战国
来源：广元东坝机砖厂出土
质地：青铜
尺寸：全长25.7、内长9.7、宽3.5厘米

Chengyang Inner-Blade Halberd

Era: Warring States
Source: unearthed from the Brick Factory of Dongba, Guangyuan
Material: Bronze
Dimensions: Overall Length 25.7, Inner Length 9.7, Width 3.5cm

　　戈的长援上昂，长胡四穿，内部一穿，栏下超出，内后部略收且起刃，尾端倾斜形成尾锋。……胡中上部，刻有"成阳"二字。成阳为地名，推测是战国魏成阳郡所制，成阳郡封地成阳（今河南信阳东北）。此戈形制为战国晚期，青铜冶炼水平高，制造工艺精，防锈处理好，棱线流畅，至今仍刃口锋利。

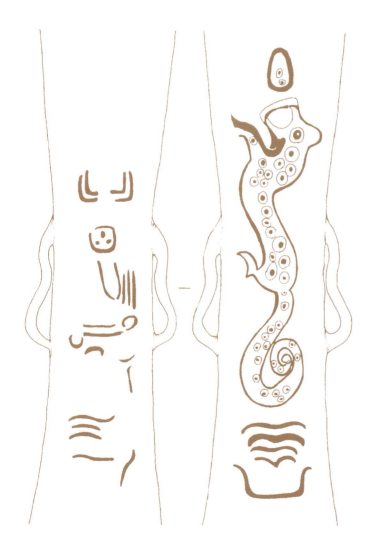

时代：战国
来源：1977年广元征集
质地：青铜
尺寸：全长24.2、柄长6.4、刃宽3.1厘米

Long-Ye-Short-Qiao Spear with Tiger Patterns

Era: Warring States
Source: collected from Guangyuan in 1977
Material: Bronze
Dimensions: Overall Length 24.2, Shaft Length 6.4, Blade
Width 3.1cm

这件巴蜀式铜矛是战国时期四川地区流行的样式。矛用以安装竹木柄（柲）的骹部看似较短，但却向前延伸并逐渐收缩，直抵矛的前锋；两侧对称的矛叶长而窄，长度占全矛的四分之三，因而显得叶长而骹短。骹部两侧紧靠叶部有一对弓形耳，可以对穿绳索将矛体捆缚固定在矛柲上。矛叶一侧有一个腰铁形穿孔，另一侧则排列四个逗号形穿孔。骹部一侧为行虎纹，另一侧为手心纹。老虎张口卷尾，虎头前似有一头戴双角的人首，虎尾后有水波加腰铁形的符号；手心纹之上似乎也有一双角纹的人头。该铜矛装饰花纹较多，美则美矣，却有损其强度，可能属于仪式用的武器。

兽面纹长骹铜矛

时代：战国
来源：1983年广元宝轮镇征集
质地：青铜
尺寸：全长32、叶长16.8厘米

Bronze Long-Qiao Spear with Taotie Patterns

Era: Warring States
Source: collected from Baolun Town, Guangyuan in 1983
Material: Bronze
Dimensions: Overall Length 32, Ye Length 16.8cm

　　器形如同通常的巴蜀式矛，以前端锐利、后端开敞的长而中空的圆锥为基干，前部矛叶窄且只至矛的二分之一处，使得矛骹部显得较长，不同于通常的短骹矛。骹的后部有二弓形耳，有利于将矛头固定在矛柄上。骹部两面下部的纹饰相同，近銎口处是一周云雷纹，其上分别是腰铁形、水波形和倒梯形（两侧还有对称的折线）符号组成的图案；上部的图案两侧分别是虎纹和手心纹。这件战国时期长骹式青铜矛头，保存完整，为巴蜀式铜矛的精品。

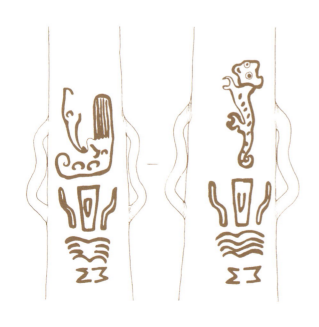

圆
刃
銎
内
铜
钺

时代：战国
来源：1987年广元宝轮镇出土
质地：青铜
尺寸：长17.8厘米

Bronze Round-Blade Qiongna Yue

Era: Warring States
Source: collected from Baolun Town, Guangyuan in 1987
Material: Bronze
Dimensions: Length 17.8cm

钺属典型的巴蜀式钺，造型比较特别，呈三段式，体腔中空似袋，类似传统的烟荷包，故俗称"烟荷包式钺"。前段是近似圆饼的圜刃，中段是梯形的钺身，后段是前窄后宽的椭圆形銎部。从前至后，钺体内腔越来越大，最后是加厚的椭圆形銎口。钺是中国最重要的具有象征意义的武器，古文字中的"王"字就是钺的象形，先秦时期诸侯获得王所赐予的斧钺，就具有代王征伐的含义。中国中心地区的先秦铜钺，基本都是将扁平的内（读作"纳"）部垂直插入并捆缚在木柄上。此铜钺不是穿内式而是管銎式，但其刃部究竟是平行还是垂直于木柄，目前还难以判定。

竹节脊柳叶形铜剑

时代：战国
来源：1979年广元征集
质地：青铜
尺寸：通长32.2、柄长5.5、刃宽3.6厘米

Bronze Bamboo-Joint-Ridge Willow-Leaf Sword

Era: Warring States
Source: collected from Guangyuan in 1979
Material: Bronze
Dimensions: Overall Length 32.2, Handle Length 5.5,
Blade Width 3.6cm

　　这柄战国时期的青铜剑，剑型属于扁茎无格剑，因其形如柳叶，故又习称"柳叶形剑"。剑脊作凸棱状，从剑身前部一直延伸至剑柄；剑身后宽前窄，两侧刃逐渐向前倾斜，最后收聚成锋；剑柄前宽后窄，身柄相交处急收，柄上两圆穿。剑脊作后粗前细的竹节纹，后端紧接一花蒂纹。柳叶形剑是东周至汉初期流行于四川地区的铜剑类型。该剑在柳叶剑中也属于相对少见的类型。

连贝斑纹柳叶形铜剑

时代：战国
来源：1983年广元宝轮镇征集
质地：青铜
尺寸：全长32.2、柄长5.4、刃宽3.1厘米

Bronze Willow-Leaf Sword

Era: Warring States
Source:collected from Baolun Town,
Guangyuan in 1983
Material: Bronze
Dimensions: Overall Length 32.2, Shaft
Length 5.4, Blade Width 3.1cm

　　剑型属于扁茎无格剑，因其形如柳叶且装饰有贝纹和斑纹，故名。剑脊贯穿全剑，但剑身处的剑脊开有凹槽，使得剑脊呈现双脊的模样。剑身后宽前窄，两侧刃逐渐向前收聚成锋。剑柄与剑身相交处急收，剑柄前后宽度相当，柄上仅前侧一圆穿。剑身中央从前至后铸出九个椭圆凸，好似被剑脊穿起的九个贝，其余剑身铸有锈蚀状的花斑纹。此剑用铜精良，防锈处理较好，至今刃口锋利。

时代：战国
来源：1987年广元宝轮镇出土
质地：青铜
尺寸：全长41、柄长8.7、刃宽3.6厘米

虎手斑纹柳叶形铜剑一

这柄战国时期的巴蜀式扁茎无格青铜剑，剑体形如柳叶，前后过渡平滑自然。剑从前端的剑锋处逐渐加宽，到了接近剑柄处逐渐收窄，剑柄部前侧和后中部各有一圆形穿孔。剑的中脊贯穿全剑，剑身中脊两侧大致等距铸出对剖椭圆形的"穿贝纹"，剑脊与剑刃间做出锈斑状花斑纹。剑身近柄处一侧铸虎纹，另一侧铸手心纹。剑身中后部的剑刃略有残缺。

Bronze Willow-Leaf Sword I

Era: Warring States
Source: unearthed from Baolun Town, Guangyuan in 1987
Material: Bronze
Dimensions: Overall Length 41, Shaft Length 8.7, Blade Width 3.6cm

虎手斑纹柳叶形铜剑二

时代：战国
来源：1986年广元宝轮镇船棺葬出土
质地：青铜
尺寸：全长41、柄长8.7、刃宽3.6厘米

Willow-Leaf Sword with tiger patterns II

Era: Warring States
Source: unearthed from a Boat-Coffin in
Baolun Town, Guangyuan in 1986
Material: Bronze
Dimensions: Overall Length 41, Shaft Length
8.7, Blade Width 3.6cm

　　剑型属于扁茎无格剑，因其形如柳叶且装饰一种特殊的斑纹而得名。剑身后宽前窄，两侧刃逐渐向前收聚成锋。剑柄与剑身相交处缓收，柄上前侧和后端各有一圆穿。剑身后部一侧铸虎和花蒂图案，另一侧铸手臂和花蒂图案，其余剑身满布蚀斑纹。这柄巴蜀式柳叶形青铜剑，属于柳叶形剑中较长的一种，装饰也是晚期巴蜀铜兵器的流行纹样，具有代表性。

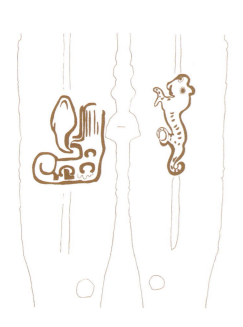

无格圆茎铜剑

时代：战国
来源：1975年广元宝轮镇征集
质地：青铜
尺寸：通长46、柄长9、最宽处4.1厘米

这柄战国晚期的青铜剑属于无格圆茎剑类，未见剑首。剑身中脊凸起，前部略窄，刃缘分明。剑前端渐收成锋，剑身较宽，但前后逐渐过渡。剑格宽厚，前作人字坡形，后侧两端内卷。剑茎为圆柱形，上有两道箍。全剑除剑首外，基本完整，至今仍锋利可用。这类铜剑一般称做"楚式剑"，实际上此类圆茎有格剑最早起源于东南地区，并在春秋晚期以后达到了很高的制剑水平。著名的越王勾践剑和吴王夫差剑就是这类铜剑的代表，称为吴越式剑更加准确。随着楚国的强大和楚国势力的东渐，吴越铜剑深深影响了楚国的铸剑工艺，并伴随着楚国经营西南巴蜀地区，一些此类铜剑，甚至铸剑工艺，也传入四川地区。

Bronze Round-Stem Handguardless Sword

Era: Warring States
Source: collected from Baolun Town, Guangyuan in 1975
Material: Bronze
Dimensions: Overall Length 46, Handle Length 9, Max Width 4.1cm

错金银勾云纹铜带钩

时代：战国
来源：1972年广元南河牛奶场出土
质地：青铜
尺寸：残长24、最宽处4.1厘米

Gold and Silver-Inlaid Bronze Belt Hook with Curve Cloud Patterns

Era: Warring States
Source: unearthed from Guangyuan Nanhe Dairy, in 1972.
Material: Bronze
Dimensions: Remained Length 24, Max Width 4.1cm

　　带钩是东周至汉晋时期，也就是带扣兴起以前人们用革带束腰的主要约束用具。这件战国晚期的铜带钩属于瘦长体类型，整体形如琵琶。钩前有兽头形的弯曲钩首，其后是细长的钩颈，再后是中央宽平、两侧斜坡形的梭形钩尾。钩尾的正面饰纤细的错金银勾云纹，背面则有固定在革带上的菌状纽。勾云纹从前至后分为五格，前四格在中线两侧对称饰斜角或平卷的勾云纹，最后一格的斜角勾云纹没有中线，且两侧斜线突破第四格，使得纹饰在对称规矩的总体布局下也有所变化。

带盖铜鼎

时代：汉
来源：2004年广元市人民医院工地出土
质地：青铜
尺寸：通高16.3厘米

Bronze Ding with Lid

Era: Han Dynasty
Source: unearthed from Guangyuan People's
Hospital in 2004
Material: Bronze
Dimensions: Overall Height 16.3cm

　　鼎的造型为盖覆于器身子口外，盖、身相合为圜顶圜底的扁球体，盖顶多有三个凸钉环纽，器口两侧有略向外撇的双耳，器腹底接矮蹄足。器表素面无纹饰，仅肩腹间有凸棱一周。该鼎保存完整，但器表满布重锈。从造型来看，应该是西汉前期的作品。

双耳铜鍪

时代：汉
来源：1988年广元农资公司出土
质地：青铜
尺寸：高15.5、口径12.5厘米

鍪是古代青铜制或铁制的一种炊具，作用相当于锅，流行于战国并沿用至汉代早期。这件汉代青铜鍪侈口斜颈、口有唇缘，鼓腹圜底，肩部有相对的一大一小的不对称环耳，大耳饰精美索辫纹。器表光素无纹，仅肩下有一道细弦纹。

Double-Ear Bronze Mou

Era: Han Dynasty
Source: unearthed from Guangyuan Agricultural Materials Company in 1988
Material: Bronze
Dimensions: Height 15.5, Mouth Diameter 12.5cm

素面铜钫一

时代：	汉
来源：	1957年广元昭化古城西门外出土
质地：	青铜
尺寸：	高26厘米

Undecorated Bronze Fang I

Era: Han Dynasty
Source: unearthed near West of Zhaohua
Ancient City, Guangyuan in 1957
Material: Bronze
Dimensions: Height 26cm

钫即方壶，为战国中期至西汉中期流行的一种钫壶的类型。《说文解字》将钫解释为"方锺也"，锺是秦汉时壶的一种通称，方锺也就是方壶。此钫高不及尺，形态作短颈、长腹、高足，口部加厚作宽唇，肩部两侧各有一对衔环的铺首，器表素净无纹饰。铺首饰浅浮雕状的兽面纹，兽面鼻梁凸起为纽，内套圆环，以方便提携铜钫。铺首衔环是东周以来器物乃至于门户广泛采用的一种附件。

素面铜钫二

时代：汉
来源：1989年广元东南陈家壕村九组机砖厂出土
质地：青铜
尺寸：高35厘米

Undecorated Bronze Fang II

Undecorated Bronze Fang IIEra: Han
Dynasty
Source: unearthed from the brick factory
of Group 9 of Chenjiahao Village,
Southeast of Guangyuan in 1989
Material: Bronze
Dimensions: Height 35cm

　　铜钫的造型为短颈、长腹、高圈足之形。器口斜侈，外缘加厚作宽唇、腹部中鼓，圈足外侈。器表素净无纹饰，仅在肩部施对称的衔环铺首以便提携。钫是战国中期至西汉中期流行的一种盛装酒浆的铜壶样式。其立面似壶，而平面呈正方形。此钫属于西汉早期的作品，造型规整却有雄浑朴拙之美。惜锈蚀比较严重，显示出沧桑的岁月痕迹。

素面铜钫三

时代：	汉
来源：	1957年广元昭化古城西门外出土
质地：	青铜
尺寸：	高28.3厘米

Undecorated Bronze Fang III

Era: Han Dynasty
Source: unearthed near West of Zhaohua
Ancient City, Guangyuan in 1957
Material: Bronze
Dimensions: Height 28.3cm

　　这件西汉早期的铺首衔环铜钫，也为短颈、长腹、高足，腹两侧添加衔环铺首之形；只是这件铜钫的圈足更高，造型比前面两件铜钫更稍显修长。中国中心地区自战国中期起，青铜器风格发生了很大的变化，铜器呈现出两种完全不同的风格。一种风格是器表光素无纹饰，以造型取胜的日常用器；一种风格是采用鎏金、嵌错、镶嵌、漆绘等多种复合装饰工艺，以艳丽装饰取胜的豪华用器。包括此铜钫在内的汉代素面铜钫，都属于前一种风格的铜器。

蒜头铜壶一

时代：汉
来源：1987年广元昭化城西一大队出土
质地：青铜
尺寸：高24.1、口径2.7、足径10.2、腹径17.6厘米

Bronze Garlic-Shaped Pot I

Era: Han Dynasty
Source: unearthed from the No. 1
Production Brigade, Zhaohua Ancient
City, Guangyuan in 1987
Material: Bronze
Dimensions: Height 24.1, Mouth
Diameter 2.7, Bottom Diameter 10.2,
Abdominal Diameter 17.6cm

　　小口直颈，颈部不很长，腹部不深但外鼓较大，下接不高的圈足，器表素净无纹饰。此壶口部短小且垂直，口部外鼓，做成瓜棱状，好似蒜头，故习称"蒜头壶"。这种形制是战国晚期至西汉前期流行的一种壶的样式，陶质和青铜的皆有，有的壶口部加大却并不做成蒜头模样。这件汉代青铜蒜头壶，颈部长短和圈足高矮比例得当，造型美观。

蒜
头
铜
壶
二

时代：汉
来源：1987年广元昭化城西一大队出土
质地：青铜
尺寸：高33.2、口径3.6、足径13.6厘米

这件汉代青铜蒜头壶，造型与本馆收藏
的另一件蒜头铜壶基本相同，只是器形更大
些。铜壶整体状如大蒜头，直口更饰以蒜瓣
纹，细长直颈，腹部圆鼓，下接不高的圈足，
器表素净无纹饰，表现出了当时的社会时尚。

Bronze Garlic-Shaped Pot II

Era: Han Dynasty
Source: unearthed from the No. 1
Production Brigade, Zhaohua Ancient
City, Guangyuan in 1987
Material: Bronze
Dimensions: Height 33.2, Mouth
Diameter 3.6, Bottom Diameter13.6cm

横瓦纹带铜壶

时代：汉

来源：1987年广元昭化城关村一组迭金贵在小坪上建房时出土

质地：青铜

尺寸：高21.8、口径11.3、足径11.7厘米

Bronze Pot with Horizontal Tile Patterns

Era: Han Dynasty
Source: unearthed by Die Jingui of Group 1 of Chengguan Village, Zhaohua, Guangyuan in 1987 when he was building house
Material: Bronze
Dimensions: Height 21.8, Mouth Diameter 11.3, Bottom Diameter11.7cm

这件汉代铺首衔环弦纹铜壶，口部较大且略往外侈，壶口边缘加厚成宽边，颈部粗短，腹部极度外鼓，圈足较大，呈弧边台形矮圈足。器表素面无纹饰，肩腹交接处有相对的衔环铺首。另在肩部和腹部各有两圈横瓦纹状箍带。铜壶形态敦实，是西汉时期的样式。

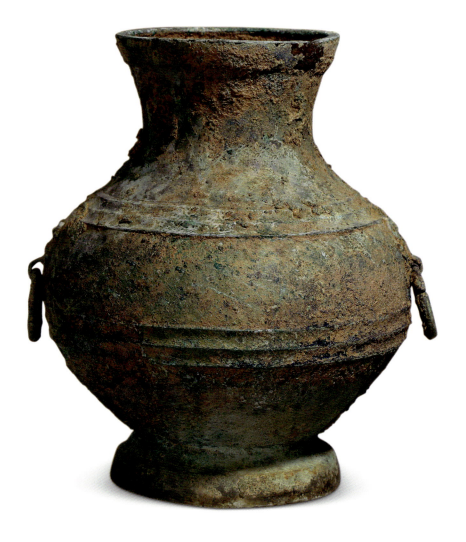

时代：汉
来源：1957年昭化城西门出土
质地：青铜
尺寸：高18.3、口径14、足径13.6厘米

Bronze Incense Burner with a Beast
Head Holding a Ring in Mouth

Era: Han Dynasty
Source: unearthed from West of Zhaohua,
Guangyuan in 1957
Material: Bronze
Dimensions: Height 18.3, Mouth
Diameter 14, Bottom Diameter13.6cm

　　这件已失去器盖的汉代铜器，造型颇似
东周时期的铜盖豆。器体深腹，上有子口，腹
部中鼓，表面饰横瓦纹，两侧有衔环铺首。器
柄细高，柄中部偏上有凸棱，圈足下端垂直切
地。铜豆是东周时期流行铜器类型，汉代已经
基本不用铜豆。该豆形铜器可能是西汉时期制
作或改制的铜熏。铜熏器盖无存。

双鱼纹铜洗

时代：晋
来源：1955年广元昭化出土
质地：青铜
尺寸：高11.7、口径23.2厘米

Bronze Xi with Double-Fish Patterns

Era: Jin Dynasty
Source: unearthed from Zhaohua, Guangyuan in 1955
Material: Bronze
Dimensions: Height11.7, Mouth Diameter 23.2cm

　　"洗"这种器皿，作用类似后世盥洗用的盆，形态也差不多。这件晋代青铜洗造型沿袭汉代常见式样，侈口折沿，领沿较宽，弧肩斜腹，腹部较浅，下接平底。腹外有相对的铺首，未见衔环。器的内底饰有寓吉祥之意的双鱼纹，但鱼纹已经简化，显得有几分草率。

双耳铜鬲

时代：宋
来源：1958年广元老城西门出土
质地：青铜
尺寸：通高12、口径9.8、腹径10.2厘米

鬲是先秦时期的炊器，有陶制和铜制两种，铜鬲也是先秦铜礼器的类型之一。此铜鬲造型为双立耳，平折沿，高直颈，鼓腹三足，中空的袋足下接锥形的足根。鬲的造型近似西周，但却是宋代仿制，是宋代社会"追寻三代"复古思潮下的产物。

Double-Ear Bronze Li

Era: Song Dynasty
Source: unearthed from West of Guangyuan in 1958
Material: Bronze
Dimensions: Overall Height 12, Mouth Diameter 9.8, Abdominal Diameter 10.2cm

带
箍
铜
壶

时代：	宋
来源：	1997年广元纺织厂移交出土文物
质地：	青铜
尺寸：	高18.4、口径4.4、足径6、腹径8.6厘米

这件壶的造型和装饰都仿自汉代的铜壶，但更显瘦长。壶呈侈口长颈、圆肩斜腹、外撇高圈足之形，壶的口、颈、肩、腹和圈足装饰凸起的箍带七道，给人以一种节奏韵律感。壶的铜质精良，防锈处理较好，至今仍有光泽。

Bronze Pot with a Hoop

Era: Song Dynasty
Source: handed over by Guangyuan
Textile Factory in 1997
Material: Bronze
Dimensions: Height18.4, Mouth Diameter
4.4, Bottom Diameter 6, Abdominal
Diameter 8.6cm

铜
净
瓶

时代：宋
来源：1997年广元纺织厂移交出土文物
质地：青铜
尺寸：高15.5、口径2.1、足径4厘米

净瓶又称"净水瓶"、水瓶或澡瓶，为佛教物品之一，以陶瓷或金属等制造，盛水供饮用或洗濯。这件宋代青铜净瓶，口部小而微侈，颈部直且细长，腹部外鼓并略下垂，下接较矮的圈足，造型极其简洁，几无装饰，耐人寻味，有宋代瓷器的美学风格特征。

Bronze Kalasa

Era: Song Dynasty
Source: handed over by Guangyuan Textile Factory in 1997
Material: Bronze
Dimensions: Height 15.5, Mouth Diameter 2.1, Bottom Diameter 4cm

仿明宣德铜炉

时代：清
来源：1977年广元虎跳区征集
质地：青铜
尺寸：通高9.1、口径9.7、腹径11厘米

Imitation of Bronze Furnace of the Xuande Period

Era: Qing Dynasty
Source: collected from Hutiao District, Guangyuan in 1977
Material: Bronze
Dimensions: Overall Height 9.1, Mouth Diameter 9.7,
Abdominal Diameter 11cm

该炉折沿直颈，鼓腹圜底，下接三蹄足，鼎耳系将口沿抬起而成，造型颇为别致。鼎底铸印章式阳文楷书三行六字"大明宣德年制"。宣德炉本是明宣德年间为郊坛太庙所铸的供炉，同时还仿照了其他多种铜瓷鼎彝。由于选料精、铸造好，宣德炉受到了当时和以后人们的普遍重视。明人项子京《宣炉博论》评价宣德炉说："其款式之雅，铜质之精粹，如良玉之百炼，宝色内涵，珠光外现，迥非它物可以比方也。"（吕震《宣德鼎彝谱》）由于在做工和材质上都有独到之处，宣德炉为世人钟爱，从宣德年间至今，古玩商仿制宣德炉的活动从未间断，以至今天国内、外博物馆和私人收藏的"宣德炉"，并无一件能被众多鉴定家公认为是真正的宣德炉。从多方面判断，这件铜香炉是清代仿造的宣德炉。

清白重圈铭文铜镜

时代：汉
来源：1958年广元农村水利建设出土
质地：青铜
尺寸：直径16、厚0.5厘米

Green-White Multi-Cycle Mirror with Inscriptions

Era: Han Dynasty
Source: unearthed in the rural water conservancy
construction of Guangyuan in 1958
Material: Bronze
Dimensions: Diameter 16, Thickness 0.5cm

　　该铜镜是属于汉镜的重圈铭文镜类型，因铭文外圈铭文开头有"清（精）白"的文字，故又称"清白重圈铭文镜"。镜体呈圆形，中设圆形纽和并蒂连珠纽座，外有宽平缘，镜座与镜缘间以两道凸弦纹分隔为内、外两个铭文带。内区铭文是："内清质以昭明，光辉象夫日月，心忽杨而愿忠，然雍塞而不泄。"外区铭文是："洁精白而事君，怨行驩之弇明，作玄锡之流泽，志疏远而日忘，慎糜美之穷皑，外承欢之可说，慕□□之灵泉，愿永思而勿绝。"全铭72字，尤其是外圈铭文为完整48字，在同类铜镜中比较少见，弥足珍贵。

时代：唐
来源：1978年广元宝轮镇出土
质地：青铜
尺寸：直径21.2、厚0.7厘米

绝照四神十二辰铜镜

Bronze Mirror with Chinese Zodiac Patterns

Era: Tang Dynasty
Source: unearthed from Baolun Town, Guangyuan in 1978
Material: Bronze
Dimensions: Diameter 21.2, Thickness 0.7cm

　　这是隋唐时期常见的四神十二辰铜镜，因铭文以"绝照"开头，故名。镜为圆形，窄平镜缘，半球形圆纽，纽座外有双线方框、方框的四角各对一双线矩状折角。镜背被一圈三角纹分为内、外两区，形成内主外从的内外纹带。内区被矩折隔为正向的四个小区，每个小区内填以象征四方的青龙、朱雀、白虎、玄武四神图案；外区为十二生肖动物纹，中有兽面纹和花朵纹间隔。在内、外区间还有32字铭文带，铭文为楷书，字迹已不很清晰，对照同类镜铭可知文字为："绝照览心，圆辉烛面，藏宝匣而光掩，挂玉台而影见，鉴绮罗于后庭，写衣簪乎前殿。"外区边缘还有浅浮雕云纹。这件唐代四神十二辰铜镜的装饰复杂而精美，动物和花纹都生动传神。

莲花纹葵花形铜镜

时代：唐

来源：1987年广元朝天区中子乡庙梁村二组
村民刘素莲挖土时发现

质地：青铜

尺寸：直径19.7、厚0.45厘米

Bronze Sunflower-Shaped Mirror with Lotus Patterns

Era: Tang Dynasty
Source: Discovered in an excavation of Group 2 of
Miaoliang Village, Zhongzi Xiang, Chaotian District,
Guangyuan in 1987
Material: Bronze
Dimensions: Diameter 19.7, Thickness 0.45cm

　　这件唐代团花纹镜采用的是当时十分流
行的葵花形，镜背装饰着分散的六朵团花纹，
故又称"散点式莲花纹葵花镜"。镜身为六瓣
葵花形，中为半球形圆纽和八瓣葵花纽座，窄
平镜缘，其间相间布置六瓣莲花朵和六叶簇莲
花各三朵。铜镜花纹在规整中蕴含变化，是唐
代同类铜镜的佳品。类似的铜镜在西安和洛阳
唐墓中均有出土，但花叶细部略有不同。

花鸟纹菱花形铜镜

时代：唐

来源：1987年广元朝天区中子乡庙梁村二组村民刘素莲挖土时发现

质地：青铜

尺寸：直径13.2、厚0.5厘米

Bronze Water-Chestnut-Flower-Shaped Mirror with Flower and Bird Patterns

Era: Tang Dynasty
Source: Discovered in an excavation of Group 2 of Miaoliang Village, Zhongzi Xiang, Chaotian District, Guangyuan in 1987
Material: Bronze
Dimensions: Diameter 13.2, Thickness 0.5cm

　　这件唐代花鸟纹菱花青铜镜虽破裂，但仍可见其做工和装饰都十分精美。镜为八瓣菱花形，镜背中为兽形纽。一道凸起的弦纹将镜背分为内、外两区，内区为嘴衔飘带飞翔起舞的四只鸟儿；外区为花朵和蝴蝶，让人感觉到花香袭人、兽欢鸟鸣、蝶舞蹁跹、春意盎然、喜气盈盈。

时代：宋
来源：1992年广元总工会出土
质地：青铜
尺寸：直径12.4厘米

Bronze Sunflower-Shaped Mirror with
Twined-Branch-Peony Patterns

Era: Song Dynasty
Source: unearthed by Guangyuan
Federation of Trade Unions in 1992
Material: Bronze
Dimensions: Diameter 12.4cm

这件宋代铜镜造型为八瓣葵花形，镜缘较宽，圆形半球纽，九瓣花形纽座，纹区被一圈凸弦纹分为内、外区。内区为枝条柔曼的八朵牡丹，花朵四正四侧，相间排列；外区在八个葵花瓣中，各饰一带结绶带。纹饰浅雕，花卉高雅，气韵生动。

仙人龟鹤铜镜

时代：宋
来源：1978年广元征集
质地：青铜
尺寸：直径22厘米

Bronze Immortal-Tortoise-Crane Mirror

Era: Song Dynasty
Source: collected from Guangyuan in 1978
Material: Bronze
Dimensions: Diameter 22cm

　　铜镜呈圆形，圆形纽，双凸棱线宽镜缘。镜纽四周镜背分别铸出带头光的仙人坐像、立于竹下的托篮童子、头朝仙人飞来的仙鹤、正向仙人爬去的灵龟，仙人头上还有代表福、禄、寿的相连三星。这面宋代铜镜纹饰中的龟、鹤等均有健康长寿的寓意，故此镜又被称为"仙人龟鹤齐寿铜镜"。该镜的纹样已经严重磨损，但纹样构图还可以看出唐代"真子飞霜"铜镜的遗韵。

连弧纹铭文铜镜

时代：宋
来源：1974年广元农村水利建设出土
质地：青铜
尺寸：直径12.6厘米

Connected-Arc-Pattern Mirror with Inscriptions

Era: Song Dynasty
Source: unearthed in the rural water conservancy
construction of Guangyuan in 1974
Material: Bronze
Dimensions: Diameter 12.6cm

　　这件宋仿汉代边弧纹铭文铜镜，装饰疏密协调，简洁大方面又富有变化，外区饰一周铭文，内区是连弧纹，给人一种有点神秘的感觉。

湖州双凤纹菱花铜镜

时代：宋
来源：1979年广元征集
质地：青铜
尺寸：直径17.6厘米

Water-Chestnut-Flower-Shaped Mirror with Double-Phoenix Patterns of Huzhou

Era: Song Dynasty
Source: collected from Guangyuan in 1979
Material: Bronze
Dimensions: Diameter 17.6cm

　　这件宋代湖州产铜镜，为半球形小纽，八瓣菱花外缘。背纹分内、外两区，圆形内区为主纹区，内有线条繁复流畅的阳线双凤凰纹；外区较窄，每瓣菱花的中间饰一朵六瓣莲花纹，其中一朵花纹处有长方形印章，内有"湖州真石家"的楷书字样。

牛郎织女纹菱花铜镜

时代：宋
来源：1983年广元物资回收公司收购
质地：青铜
尺寸：直径14.6厘米

Water-Chestnut-Flower-Shaped Mirror with
Patterns of the Weaver Girl and the Cowherd

Era: Song Dynasty
Source: purchased by Guangyuan Material
Recycling Company in 1983
Material: Bronze
Dimensions: Diameter 14.6cm

　　这件宋代铜镜，为半球形纽、无纽座、
八瓣菱花形外缘，背面为浮雕状神话故事图
案。图案描绘的是牛郎织女的故事，上是远山
近树，左侧织女，右侧牛郎与牛；下为鹊桥及
水波纹。让人想起宋代秦观的《鹊桥仙》词
中的名句："金风玉露一相逢，便胜却人间无
数。"

湖州铭带柄铜镜

时代：宋
来源：1982年广元征集
质地：青铜
尺寸：直径20.7、柄长9.5厘米

这件宋代带柄铜镜，铜质精良，简洁朴素。镜身为八瓣葵花形，镜缘凸起，花瓣外缘微内凹，其中一个花瓣的凹处接镜柄。镜柄为扁长条直柄，其下端呈弧形，边缘与镜缘相连。在正对镜柄的镜身上，铸有长条形的印章，内有两行10字："湖州真石家念二叔照子。"南宋的湖州即今浙江吴兴，当时以铸造精良铜镜著称，其铸镜称为"湖州镜"。

Bronze Mirror with a Handle and Inscriptions of Huzhou

Era: Song Dynasty
Source: collected from Guangyuan in 1982
Material: Bronze
Dimensions: Diameter 20.7, Shaft Length 9.5cm

双凤纹带柄铜镜

时代：宋
来源：1981年广元征集
质地：青铜
尺寸：直径13.2厘米

Bronze Mirror with Double-Phoenix
Patterns and a Handle

Era: Song Dynasty
Source: collected from Guangyuan in 1981
Material: Bronze
Dimensions: Diameter 13.2cm

　　这件宋代双凤纹带柄铜镜，镜柄已经折断丢失，仅余柄根，原先估计是直柄。镜缘较宽，两侧缘边略凸，外侧凸棱与镜柄边缘凸棱连为一体。镜背满布细阳线表现的双凤纹，凤与凰的头部相对，双翼与长尾旋转，其外还有绶带和花卉。纹饰稍显繁杂，但造型尚算生动。

海水兽纹瓶形柄铜镜

时代：宋
来源：1979年广元征集
质地：青铜
尺寸：直径10.2、柄长9.1厘米

Bronze Mirror with Wave and Beast Patterns and Bottle-Shaped Handle

Era: Song Dynasty
Source: collected from Guangyuan in 1979
Material: Bronze
Dimensions: Diameter 10.2, Shaft Length 9.1cm

铜镜属于圆形带柄镜。在圆形镜身的周边，铸出28个弧形花瓣，其内是一圈与镜柄宽度相近的环带，再内就是略微凸起的圆形背纹。背纹磨损严重，只隐约可见水波密布，水波中立有一兽。镜柄为细长颈圈足瓶形，柄缘微凸，与镜缘相连。该镜造型优雅，设计巧妙，镜柄与镜身连接自然，是宋代带柄铜镜的佳作。

『正其衣冠』铭文铜镜

时代：清
来源：1980年广元征集
原地：青铜
尺寸：直径9.1厘米

Bronze Mirror with Inscriptions of "Adjust the Dress"

Era: Qing Dynasty
Source: collected from Guangyuan in 1980
Material: Bronze
Dimensions: Diameter 9.1cm

　　镜属圆形具纽铜镜。两道有一定距离的凸弦纹形成宽镜缘，纽形如腰铁。背面素净无纹，仅在左右两侧对称排列"正其衣冠，尊其瞻视"的铭文。铜镜装饰简陋，缺乏宋代富有禅意的极简之美，铭文也直白缺乏深意，给人以缺乏文化、画蛇添足之感。

陶器是人类的一项重大的技术发明，陶器制作技术与磨制石器和谷物栽培，被视为新石器时代革命的几大表征性要素。广元市域内发现的新石器时代陶器都属于新石器时代晚期，为甘青地区马家窑文化沿白龙江南下的遗留，但目前尚无完整和成形的陶器标本。皇泽寺博物馆收藏的陶器标本最早者不到汉代，本图录所收的西汉彩绘陶钫，就是其中之一。

瓷器是古代中国对人类的一项重要贡献，中国瓷器发展史，也是一部中国文化史。瓷器不但是中国人重要的物质生活资料，也是精神生活和艺术创造的重要对象，许多瓷器都令人称绝。早期瓷器至迟在商代就出现在中国的东南地区，到了东汉时期，青瓷的烧造工艺逐渐西传至长江上游的四川，并在两晋时期逐渐流行开来。不过广元发现的青瓷器，已经属于南北朝时期，广元昭化区宝轮院小型崖墓出土的南朝青瓷器，就是本市域这一时期瓷器的代表。只是20世纪50年代宝轮院出土的青瓷器，已经收藏在当时的西南博物院（今中国重庆三峡博物馆），但本图录中的青釉双鸡首盘口壶，无疑堪称这一时期青瓷的佳品。

宋代是中国瓷器的荣耀时代，在工艺技术和成品上形成了六大瓷窑系，瓷器古朴深沉、素雅简洁，又千姿百态、各竞风流，釉色之美和釉质之美使宋人在制瓷工艺上达到了新的美学境界。蒙元入侵四川，四川官民都仓促逃难，包括精美瓷器在内的不便携带的物品都被埋藏在窖穴之中。由于逃难的四川民众大多死于战乱，十不存一，原先埋藏的物品大都没有再被取出使用，因而四川各地都发现有宋代窖藏，广元也不例外。皇泽寺博物馆收藏的广元出土的宋代瓷器，基本上

陶瓷器

Potteries and Porcelains

是当时人们珍视的龙泉窑、景德镇窑等著名瓷窑烧制，然后经过水路辗转销至广元的外地瓷器。这些瓷器是当时利州殷实人家的用品，在蒙元军队进入四川时，才仓促埋藏于自家附近。日用瓷器本来就容易破碎，不容易长久保留，故其生产和使用的年代不会距离埋藏年代太久，应该都是南宋晚期的制品。

在皇泽寺博物馆馆藏宋元瓷器中，最值得注意的是相当数量当地广元窑的瓷器。这些瓷器来自广元市北的瓷窑铺遗址，故又名瓷窑铺窑。该窑始烧于北宋中期，繁盛于南宋，停业于宋蒙战争开始之际。主烧民间日用器皿，产品以日常用的碗、罐、碟、盘、壶、盏、盏托为主，其次是炉、盒、钵、盂，另有一定数量的陈设器及玩具。瓷器胎骨厚重，胎面多用化妆土，釉色有黑、绿、黄和黄釉褐花，而以黑釉和黑褐釉瓷数量最多。除少量壶、瓶、炉等器表满釉外，大部分器物只挂半釉，其中有些黑釉瓷还利用窑变生成兔毫、油滴、玳瑁、鹧鸪等现象。从广元窑的产品特点来看，该窑属于建窑等黑釉窑系，与重庆涂山窑比较接近，并与江西吉州窑、陕西耀州窑、河南扒村窑都有一定的关系。广元瓷窑铺的窑址现已破坏殆尽，馆藏的广元窑瓷器为认识宋代广元的手工业、商业和陶瓷工艺，提供了很好的样本。

皇泽寺博物馆还藏有一批清代以后的晚期瓷器，其中也不乏精品。这些瓷器或古朴素雅，或各竞风流，其釉色和绘画之美还是值得赞叹。

彩绘陶钫 | 时代：汉
| 来源：1988年4月广元农资公司出土
| 质地：陶
| 尺寸：高36.5厘米

这件彩绘陶钫，为泥质褐陶的明器，口
沿残损，露胎处坯为褐红色。钫平面呈方形，
侈口曲颈，斜肩鼓腹，下有圈足但已残。器表
用红、白二色绘制几何图案，颈部以数道红、
白横线为栏，其间填绘相连的小菱形等几何纹
样；肩腹部则以红、白二色的勾连折线为基
调，绘制云气等图案。这是西汉前期流行的陶
钫样式及彩绘风格。

Pottery Fang with Colored Drawings

Era: Han Dynasty
Source: unearthed from Guangyuan
Agricultural Materials Company in April
1988
Material: Pottery
Dimension: Height 36.5cm

双耳陶釜

时代：西晋
来源：1976年广元活力大队岩墓出土
质地：陶
尺寸：高13.3、口径16.8厘米

Double-Ear Pottery Cauldron

Era: Western Jin Dynasty
Source: unearthed from a rock Tomb in Huoli
Production Brigade of Guangyuan in 1976
Material: Pottery
Dimensions: Height 13.3, Mouth Diameter 16.8cm

　　这件西晋时期的双耳陶釜，为泥质灰陶，与先前及同时流行的夹砂褐色有所不同，大概不是实用炊器。釜的造型为敞口外撇宽折沿，沿面宽微内凹，肩部斜倾，垂腹圜底，肩部捏出对称的半圆錾耳。器表素面无纹饰、无挂釉。尽管显得朴实无华，但能完整地保存至今，也很不容易了。

四
系
盘
口
陶
壶

时代：南北朝
来源：1999年广元肖家村梁家坡崖墓出土
质地：陶
尺寸：高26、口径10.4、足径10.9厘米

Four- Handle Plate-Top Pottery Pot

Era: Northern and Southern Dynasties
Source: unearthed from a cliff tomb in Liangjiapo,
Xiaojia Village, Guangyuan in 1999
Material: Pottery
Dimensions: Height 26, Mouth Diameter 10.4,
Bottom Diameter 10.9cm

这件南北朝时期的陶壶，盘口细短颈、肩部耸起，鼓腹平底、器表素面，肩部等距粘附四个可穿绳索的桥形附耳。整体造型仿照同时期的青瓷器，素面无挂釉但敦实厚重，简单朴素。

双鸡首青瓷盘口壶

时代：南北朝
来源：1958年广元昭化南北朝崖墓出土
质地：瓷
尺寸：高32、口径10.3、底径13、腹径21.3
厘米

Double-Cock-Head Plate-Top Celadon Pot

Era: Northern and Southern Dynasties
Source: unearthed from a cliff tomb of the Northern and Southern Dynasties in Zhaohua, Guangyuan in 1958
Material: Porcelain
Dimensions: Height 32, Mouth Diameter 10.3, Bottom Diameter 13, Abdominal Diameter 21.3cm

　　瓷壶作盘口细长颈、圆肩曲腹、平底之形。肩两侧有桥形纽，前肩部有并列的鸡首形短流，器后的肩与器口之间设双鋬。鋬下粗上细，上端连为一体，作独角龙首衔盘口。壶胎底较粗，器表除器底外均罩青黄色釉，釉面有很多细小开片而几无剥落，保存完好，十分难得。鸡首壶流行于西晋至唐初，延续数百年，"鸡"与"吉"谐音，反映出战乱年代里的人们对吉祥安宁生活的祈望。

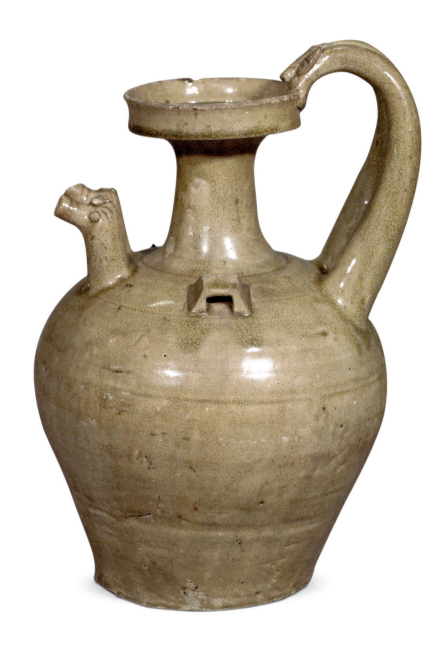

龙泉窑青釉瓷碗一

时代：宋
来源：1958年广元老城大西门窖藏出土
质地：瓷
尺寸：高3.8、口径11.9、足径6.2厘米

Blue Glazed Porcelain Bowl from Longquan Kiln I

Era: Song Dynasty
Source: unearthed from west of Guangyuan in 1958
Material: Porcelain
Dimensions: Height 3.8, Mouth Diameter 11.9, Bottom Diameter 6.2cm

　　碗为浅腹大底的造型，平折口斜沿，斜腹平底，近底处腹壁急收，碗底接矮圈足，圈足擦釉露胎为橘红色。器表罩青黄色釉。此碗胎体厚重，造型纯朴，釉色浑厚，是典型龙泉窑鼎盛期的青釉瓷器，可谓珍贵。

时代：宋
来源：1958年广元老城大西门窖藏出土
质地：瓷
尺寸：高3.8、口径11.9、足径6.2厘米

Blue Glazed Porcelain Bowl from Longquan Kiln II

Era: Song Dynasty
Source: unearthed from West of Guangyuan in 1958
Material: Porcelain
Dimensions: Height 3.8, Mouth Diameter 11.9, Bottom Diameter 6.2cm

　　宋代龙泉窑青瓷冰裂纹开片，纹片如冰破裂，有立体感，展示出一种独特的残缺之自然美。这件龙泉窑青瓷碗，平折口斜沿，斜壁浅腹，近底处腹壁急收，下接矮圈足。器表釉面有大开片，是冰裂纹，但因较少而非典型，是南宋龙泉窑青瓷碗的佳品。

时代：宋
来源：1958年广元老城大西门窖藏出土
质地：瓷
尺寸：高5.7、口径13.1、足径4.6厘米

龙泉窑青釉莲瓣纹瓷碗

Blue Glazed Porcelain Bowl with Lotus-Petal Patterns from Longquan Kiln

Era: Song Dynasty
Source: unearthed from West of Guangyuan in 1958
Material: Porcelain
Dimensions: Height 5.7, Mouth Diameter 13.1, Bottom Diameter 4.6cm

　　口部外敞、圆口唇，腹部微弧斜下，至近底处急收，下接矮圈足。胎色白，外饰以刻划莲瓣纹，以竹篦划出莲瓣内花脉。器表内外罩青色厚釉，圈足擦釉露胎处为褐红色。此碗施石灰碱厚釉，莲瓣纹宽短且互带脉线相紧靠，瓣中脉线凸起，属于典型的南宋晚期龙泉窑青釉瓷器。

龙泉窑粉青瓷斗笠碗

时代：宋
来源：1958年广元大西门窖藏出土
质地：瓷
尺寸：高5.1、口径14.8、足径3.7厘米

Light-Greenish-Blue Bamboo-Hat
Porcelain Bowl from Longquan Kiln

Era: Song Dynasty
Source: unearthed from West of
Guangyuan on 1958
Material: Porcelain
Dimensions: Height 5.1, Mouth Diameter
14.8, Bottom Diameter 3.7cm

　　宋代官窑龙泉窑的青瓷，以粉青和梅子青釉为最名贵。粉青釉是南宋龙泉窑弟窑的主要釉色之一，以铁为主要着色元素，施釉较厚，入窑后经高温还原焰烧成，釉色青绿之中显粉白，给人以含蓄古朴的美感。这件宋代龙泉窑粉青釉斗笠瓷碗，造型简洁素净，釉色典雅温润有如青玉，可谓皇泽寺博物馆的镇馆之宝。

龙泉窑青釉鱼纹瓷洗

时代：宋
来源：1958年广元老城大西门窖藏出土
质地：瓷
尺寸：高3.5、口径11.8、足径5.5厘米

Blue Glazed Porcelain Washer with Fish Patterns from Longquan Kiln

Era: Song Dynasty
Source: unearthed from West of Guangyuan in 1958
Material: Porcelain
Dimensions: Height 3.5, Mouth Diameter 11.8, Bottom Diameter 5.5cm

　　这件青釉双鱼纹洗当系南宋末年之物，坯土淘洗细腻、胎质烧成致密，仅圈足底露胎处呈橘红色，俗称朱砂底。器形作宽沿弧腹，底接矮圈足，外腹饰以刻划莲瓣纹，内底饰以头尾相衔之双鱼印纹。器表全施白中泛青的厚釉，底圈足无釉。全器造型丰厚，釉色柔美，为龙泉窑的上品。

时代：宋
来源：1987年广元人民医院窖藏出土
质地：瓷
尺寸：通高8.8、口径11.7、足径3.6厘米

Blue Glazed Porcelain Stem Cup
with Inscriptions from Longquan Kiln

Era: Song Dynasty
Source: unearthed from Guangyuan
People's Hospital in 1987
Material: Porcelain
Dimensions: Overall Height 8.8,
Mouth Diameter 11.7, Bottom
Diameter 3.6cm

器身如小碗，底接细高的圈足，底部圈足
外缘修坯时削切一圈，给人以不稳定之感。其
边缘和外口下饰以平行弦纹数道，釉色白中泛
青，釉层丰厚柔和、典雅大方，杯足底露胎处
呈火石红。根据器底双鱼纹和"清河"铭文，
可鉴定这件白胎青釉高足杯是南宋末年之物。

景德镇窑影青印花瓷碗

时代：宋
来源：1958年广元老城大西门窖藏出土
质地：瓷
尺寸：高5.7、口径18.3、足径6厘米

Shadowy-Blue Porcelain Bowl with Printed Patterns from Jingdezhen Kiln

Era: Song Dynasty
Source: unearthed from West of Guangyuan in 1958
Material: Porcelain
Dimensions: Height 5.7, Mouth Diameter 18.3, Bottom Diameter 6cm

  瓷碗坯土质地细腻，薄胎。造型为喇叭状敞口圆唇、斜腹，碗底平微凹、下接矮圈足，通体施影青釉，釉似白而青，圈足底擦釉露浅橘色胎。器内腹壁至碗底采以写意划花，为变形花卉和四组对称海水纹，图案宛若暗花。这是宋代景德镇窑的典型影青（或称"隐青"或"罩青"）划花瓷器，釉色近似湖水颜色，纹饰图案透过釉色若隐若现，为当时人们所喜爱。

景德镇窑影青印花瓷碗

时代：宋
来源：1958年广元老城大西门窖藏出土
质地：瓷
尺寸：高5.2、口径18.6、足径5.7厘米

Shadowy-Blue Porcelain Bowl with Printed Patterns from Jingdezhen Kiln

Era: Song Dynasty
Source: unearthed from West of Guangyuan in 1958
Material: Porcelain
Dimensions: Height 5.2, Mouth Diameter 18.6, Bottom Diameter 5.7cm

　　碗为侈口圆唇，口沿微向外撇，腹部呈弧形下收，底接较小的矮圈足。胎质细腻，碗内底有极其简单的划花弧线的暗花，外罩青白色的影青釉，釉面有细密的冰裂纹开片，给人以青玉寒冰的感觉，是宋代景德镇的佳作。

时代：宋
来源：1958年广元老城大西门窖藏出土
质地：瓷
尺寸：高2.3、口径11、足径7.7厘米

Shadowy-Blue Porcelain Dish with Double-Fish Patterns from Jingdezhen Kiln

Era: Song Dynasty
Source: unearthed from West of Guangyuan in 1958
Material: Porcelain
Dimensions: Height 2.3, Mouth Diameter 11, Bottom Diameter 7.7cm

这件宋代景德镇窑影青双鱼纹碟，口沿外敞方唇为芒口，呈浅黄橘色，浅腹碗底平，圈足低矮。内底饰以压印莲花双鱼纹，腹壁饰印三重花瓣纹，外围再饰一周方形回纹。压印凹凸的立体纹样在淡青色的釉色下，使用时给人双鱼优游之感，增添趣味。通体影青色釉加质朴黄褐色的芒口碟边，相互映衬，值得细赏。

景德镇窑影青瓜形执壶

时代：宋
来源：1958年广元老城大西门窖藏出土
质地：瓷
尺寸：高8.3、口径2.5、足径5.5厘米

Shadowy-Blue pumpkin Shaped Zhi Jar
from Jingdezhen Kiln

Era: Song Dynasty
Source: unearthed from West of
Guangyuan in 1958
Material: Porcelain
Dimensions: Height 8.3, Mouth Diameter
2.5, Bottom Diameter 5.5cm

这件宋代景德镇窑影青执壶，壶身形为六棱双瓣金瓜形，器上有小而高的直口，前有略微弯曲的短流，后为比较自然的近环形的小錾，造型美观大方。施釉时以手持圈足浸釉，釉未浸至壶底及足，露胎处呈粉橘色，整体更显生活趣味。

耀
州
窑
缠
枝
花
卉
海
水
纹
印
花
碗

时代：宋
来源：1977年广元昭化城关宋墓出土
质地：瓷
尺寸：高6.1、口径14、底径4.4厘米

Bowl with Printed Twined-Branch-Flower
and Wave Patterns from Yaozhou Kiln

Era: Song Dynasty
Source: unearthed from a tomb of the
Song Dynasty at Chengguan Village,
Zhaohua of Guangyuan in 1977
Material: Porcelain
Dimensions: Height 6.1, Mouth Diameter
14, Bottom Diameter 4.4cm

　　这件宋代晚期的耀州窑青瓷碗的胎质精
好，釉色匀称厚重。造型作斗笠状，外敞大口
折沿方尖唇、曲弧斜壁、圜底。其口沿微向外
撇，宽折沿外形成一道棱线，给人以钏器碗边
的感觉。碗的外壁素净无纹，内壁碗底则压印
有缠枝花卉、海水纹饰。内外青釉光泽度强，
底部圈足无釉，露胎处为米黄色，堪称精品。

黑釉碗

时代：宋
来源：1958年广元老城大西门窖藏出土
质地：瓷
尺寸：高7.9、口径19、足径5.9厘米

黑釉瓷是中国古代民用瓷器中常见种类之一，是在青瓷的基础上发展起来的。因含铁量很高的瓷土原料很丰富，宋代黑釉瓷器生产量大增，南北不少窑系都生产黑釉瓷器。由于北方许多煤田中高岭石黏土层原料质量较差，又淘洗不够，于是成品较粗糙，像这件黑釉碗就有橘皮釉现象，应该属于宋代北方窑系。

Black-Glazed Bowl

Era: Song Dynasty
Source: unearthed from West of Guangyuan in 1958
Material: Porcelain
Dimensions: Height 7.9, Mouth Diameter 19, Bottom Diameter 5.9cm

米黄釉刻划花瓷碗

时代：宋
来源：1987年广元人民医院出土
质地：瓷
尺寸：高8.8、口径18.5、足径6.6厘米

Cream-Color-Glazed Porcelain Bowl
with Carved Patterns

Era: Song Dynasty
Source: unearthed from Guangyuan
People's Hospital in 1987
Material: Porcelain
Dimensions: Height 8.8, Mouth Diameter
18.5, Bottom Diameter 6.6cm

　　这件宋代米黄釉划花碗，口沿微敛，深
腹下收，下接圈足。器表器内满釉而器外仅上
半挂釉，露胎处呈浅黄色胎，碗内中下部刻写
意花卉图案，碗外刻划一圈草叶纹。该碗从其
鸡心底判断为宋代晚期产品，花纹刀法符合北
方窑系的刻花特点。北方窑瓷器的刻花装饰技
法在北宋中期刻花发展成熟，北宋晚期和南宋
又出现了包括米黄、月白等多种色调。此米黄
釉刻花瓷碗纹饰的刀法刚劲有力，斜痕非常清
晰，与史籍上记载的"刀刀见泥"技法吻合。

青釉牡丹花纹瓷枕

时代：宋
来源：1994年广元东坝中学宋墓出土
质地：瓷
尺寸：高11.9、宽24.5、厚16.4厘米

Blue Glazed Porcelain Pillow with Peony Patterns

Era: Song Dynasty
Source: unearthed from a tomb of the Song Dynasty at
Dongba High School of Guangyuan in 1994
Material: Porcelain
Dimensions: Height 11.9, Width 24.5, Thickness 16.4cm

　　瓷枕始于隋代，流行于唐代以后。宋代
瓷枕器形增多，装饰技法多种多样。这件宋代
青釉牡丹花纹瓷枕，以瓷板成形，上宽下窄，
外凸内凹，椭圆形枕面下弧，造型呈元宝状。
枕面中部饰刻单朵侧面盛开搭配绿叶环绕的折
枝牡丹花卉纹，简洁大方而又寓意富贵。由于
烧成时温度偏低，器表釉层有片状或点状剥落
或磨损露胎，不甚美观。

广元窑酱釉玳瑁纹瓷盏

时代：宋
来源：1958年广元大西门基窖藏出土
质地：瓷
尺寸：高2.7、口径13.4、底径5厘米

Brown-Glazed Bowl Stand with Hawksbill
Patterns from Guangyuan Kiln

Era: Song Dynasty
Source: unearthed from West
of Guangyuan in 1958
Material: Porcelain
Dimensions: Height 2.7, Mouth Diameter
13.4, Bottom Diameter 5cm

　　这件宋代广元窑酱釉玳瑁纹瓷盏，大口
大底而壁微外撇，内外施酱釉，内有黄色玳
瑁纹斑，腹壁斑纹与器底斑点有所分别。"酱
釉"是一种以铁为呈色剂的高温色釉，酱釉瓷
始创于北宋的北方诸窑。随着技术扩散影响至
南方，广元本地窑口也能烧制出工艺水平很高
的酱釉瓷器。此盏造型典雅大方，釉纹图案色
泽华贵而不嚣张，堪称广元窑瓷器的精品。

广元窑酱釉玳瑁纹荷叶盖瓷罐

时代：宋
来源：2004年广元市中区看守所工地出土
质地：瓷
尺寸：通高18.7、罐高14.5、口径8、腹径16.2、足径7.5厘米

Brown-Glazed Porcelain Pot with Hawksbill Patterns and Lotus-Leaf Lid from Guangyuan Kiln

Era: Song Dynasty
Source: unearthed from the construction site of detention house of the Shizhong District, Guangyuan in 2004
Material: Porcelain
Dimensions: Overall Height 18.7, Pot Height 14.5, Mouth Diameter 8, Abdominal Diameter 16.2, Bottom Diameter 7.5cm

这件宋代广元窑酱釉玳瑁纹荷叶盖瓷罐，器盖形如倒扣的带蒂荷叶，罐器身作短直领、耸肩、鼓圆腹之形。器表通体施釉，器盖浸釉、盖内沿有釉、内部无釉、器罐口、圈足底刮釉，露胎处为米黄色。整体造型仿佛带蒂的瓜果，罐身充实稳重，罐盖雅致可爱，造型构思比较新颖独特。与同期名窑定窑的瓷器相比，釉面有缩釉点，瓷胎稍欠光洁，略有不足。

广元窑黑釉荷叶盖瓷罐

时代：宋
来源：1999年广元市中区公安分局刑警大队
移交
质地：瓷
尺寸：通高13、罐高10.3、口径5.2、腹径
9.8、足径5.5厘米

Black-Glazed Porcelain Pot with Lotus-Leaf Lid from Guangyuan Kiln

Era: Song Dynasty
Source: handed over by the criminal police team of the Shizhong District Public Security Sub-Bureau of Guangyuan in 1999
Material: Porcelain
Dimensions: Overall Height 13, Pot Height 10.3, Mouth Diameter 5.2, Abdominal Diameter 9.8, Bottom Diameter 5.5cm

　　这件宋代广元窑黑釉荷叶盖罐，盖如倒扣的荷叶，但叶缘起伏不明显。器身作短领直口、耸肩鼓腹、饼状圈足之形。釉面滋润光亮，色黑如漆，可与漆器媲美。而罐近底部及圈足白胎无釉，有变形处理的罐盖边缘和顶部边缘似是长久使用磨损并形成红黄色的包浆，使罐子整体看起来具有一种生命物才有的灵气。

广元窑黑釉带盖双耳瓷罐

时代：宋
来源：1975年广元河西红星大队出土
质地：瓷
尺寸：通高18.1、口径11、底径7.7、腹径
15.6、盖高3.2、盖径12.4厘米

Black-Glazed Double-Ear Porcelain Pot
with Lid from Guangyuan Kiln

Era: Song Dynasty
Source: unearthed from Hongxing
Production Brigade of Hexi, Guangyuan
in 1975
Material: Porcelain
Dimensions: Overall Height 18.1, Mouth
Diameter 11, Bottom Diameter 7.7,
Abdominal Diameter 15.6, Lid Height
3.2, Lid Diameter 12.4cm

　　这件宋代广元窑黑釉带盖双耳瓷罐是一
件精品。带小纽的弧面直壁器盖，罩于器身
的子口上。器身为中口直领、圆肩鼓腹，圈足
小于器口，肩领之间粘附等距对称一对宽扁条
状附耳。罐领内有子口，外缘与盖壁相对成一
体。造型雍容厚重，简洁大方，盖和颈部仿佛
是铁制器，敦实的罐腹釉色泽黑亮，而罐足部
施白色化妆土的部分又稍有点俏皮感。

广元窑黑釉双耳筒形瓷罐

时代：宋
来源：2004年广元市中区雪峰看守所工地3号墓出土
质地：瓷
尺寸：高13.8、口径9.5、腹径9.7、足径7厘米

Black-Glazed Double-Ear Cylindric
Porcelain Pot from Guangyuan Kiln

Era: Song Dynasty
Source: unearthed from the No. 3 tomb
of the construction site of Xuefeng
Detention House of the Shizhong
District, Guangyuan in 2004
Material: Porcelain
Dimensions: Height 13.8, Mouth
Diameter 9.5, Abdominal Diameter 9.7,
Bottom Diameter 7cm

　　这件宋代广元窑的黑釉双耳筒形瓷罐虽是平常之物，瓷胎比较粗糙，釉层也不均匀，造型作直口平沿、直腹，底部略收的直筒形。除了上腹壁有对称的双耳外，口外较浅的釉色好似竹节，底足不施釉色而露白。整体造型好似一节大竹筒，仍然具有一定特色。

广元窑黑釉双耳中口瓷罐

时代：宋
来源：广元征集
质地：瓷
尺寸：高11.8、口径8.6、腹径9.5、足径6.7
厘米

Black-Glazed Double-Ear Medium-Mouth
Porcelain Pot from Guangyuan Kiln

Era: Song Dynasty
Source: collected from Guangyuan
Material: Porcelain
Dimensions: Height 11.8, Mouth Diameter
8.6, Abdominal Diameter 9.5, Bottom
Diameter 6.7cm

　　此宋代广元窑黑釉双耳中口瓷罐，造型
类似于皇泽寺博物馆馆藏广元窑黑釉带盖双耳
瓷罐，只是领部更粗更高，口部作子口，且口
上无盖而已。此类瓷罐是宋代四川瓷罐的常见
类型，是当时民间生活用品，虽然瓷胎不够细
腻，釉层不均匀甚至有似剥落现象，但造型还
算不错。

广元窑米黄釉酱花瓷执壶

时代：宋

来源：1992年广元征集

质地：瓷

尺寸：高7.4、口径3.4、腹径4.7、足径3.7
厘米

Cream-Color-Glazed Porcelain Zhi Jar with Brown
Patterns from Guangyuan Kiln

Era: Song Dynasty
Source: collected from Guangyuan in 1992
Material: Porcelain
Dimensions: Height 7.4, Mouth Diameter 3.4,
Abdominal Diameter 4.7, Bottom Diameter 3.7cm

　　这件宋代广元窑米黄釉黑花小执壶，胎
质比较精细，器体为小喇叭口、细长颈、折肩
直腹、近底急收之形，肩部前有流，后有与颈
部相连的鋬与流相对，底部接高、厚圈足。器
表施均匀米黄釉，烧成温度不够，釉面呈色浅
淡无光亮。器腹于釉下有写意随笔粗放的酱色
花叶状图案。由于管状流过粗，与小壶不大相
配，影响了造型的美感。

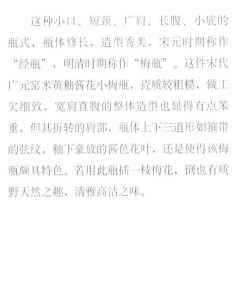

广
元
窑
米
黄
釉
酱
花
小
梅
瓶

时代：宋
来源：1999年广元市中区公安分局刑警大队
移交
质地：瓷
尺寸：高7.2、口径2、足径2.6厘米

这种小口、短颈、广肩、长腹、小底的瓶式，瓶体修长，造型秀美，宋元时期称作"经瓶"，明清时期称作"梅瓶"。这件宋代广元窑米黄釉酱花小梅瓶，瓷质较粗糙，做工欠细致，宽肩直腹的整体造型也显得有点笨重，但其折转的肩部，瓶体上下三道形如箍带的弦纹，釉下豪放的酱色花叶，还是使得该梅瓶颇具特色。若用此瓶插一枝梅花，倒也有质野天然之趣，清雅高洁之味。

Cream-Color-Glazed Plum Bottle with Brown Patterns from Guangyuan Kiln

Era: Song Dynasty
Source: handed over by the criminal police team of the Shizhong District Public Security Sub-Bureau of Guangyuan in 1999
Material: Porcelain
Dimensions: Height 7.2, Mouth Diameter 2, Bottom Diameter 2.6cm

红釉瓷瓶

时代：清
来源：1976年广元征集
质地：瓷
尺寸：高34、口径14.1、足径14.2厘米

　　此清代红釉瓷瓶，胎质洁白细腻，色泽均匀。造型为口部外侈，颈部粗长，肩部丰满，底平且大之形，上部造型尚可，下部却给人以残断之感。器表外罩深红色釉，均匀浑厚，浑然一色，给人以喜庆之感。瓶的口部颜色有磨损。

Red Glazed Porcelain Bottle

Era: Qing Dynasty
Source: collected from Guangyuan in 1976
Material: Porcelain
Dimensions: Height 34, Mouth Diameter 14.1, Bottom Diameter 14.2cm

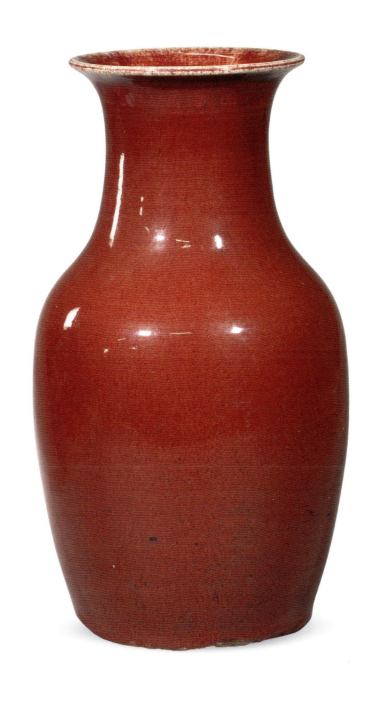

时代：清
来源：1976年广元征集
质地：瓷
尺寸：高60、口径17.2、足径17.5厘米

仿明成化款青花花鸟瓷瓶

Imitation of Blue-and-White Porcelain Bottle with Flower and Bird Patterns of the Chenghua Period

Era: Qing Dynasty
Source: collected from Guangyuan in 1976
Material: Porcelain
Dimensions: Height 60, Mouth Diameter 17.2, Bottom Diameter17.5cm

　　这件清代仿成化款青花花鸟瓷瓶，兼具铜、瓷两类器物的装饰风格。瓶的体量较大，造型高瘦，通体开片。瓶口外侈而壶颈内曲，颈部正面绘青花湖石花卉，两侧有古铜色的浮雕衔环铺首；瓶肩微内凹，装饰古铜色的葡萄图案，好似加了一道铜箍。瓶身上鼓下收，近底处又向外撇，给人以圈足的感觉，正面绘青花的山石和花卉，两只长尾锦鸡立于石上。壶的假圈足也作古铜色，足面装饰水波云气，并露出白釉的底边。器底有"成化年制"的款识。瓶的工艺水平较高，绘画和模印并施，白釉和酱釉兼用，开片纹也比较漂亮，只是颈部与腹部图案均为花草山石，却彼此无关联，花纹设计有重复之感。

仿明成化款青花人物瓷瓶

时代：清
来源：1972年广元征集
质地：瓷
尺寸：高61、口径17.2、足径18厘米

Imitation of Blue-and-White Porcelain Bottle with Figure Patterns of the Chenghua Period

Era: Qing Dynasty
Source: collected from Guangyuan in 1972
Material: Porcelain
Dimensions: Height 61, Mouth Diameter 17.2, Bottom Diameter 18cm

　　这件清朝仿明成化年款人物青花瓷瓶，造型作侈口直颈、圆肩凹腹、圈足较高且外倾之形。其口缘内勾、颈部和腹部上下对称，颈两侧还各贴塑一对黄桃为耳，造型有一定特色。瓶的外壁上下开片，裂纹细密如网，呈黄褐色，黑黄交错，亦即所谓"金丝铁线"，整体给人古色古香的感觉。口缘、肩部和圈足表面施酱色釉，分别模印浅浮雕状的花草（口缘）和云龙（肩部和圈足）作为边栏。颈、腹、足部的主要装饰区皆绘青花图画，题材为三国人物故事"赵云百万军中救阿斗"。其中颈部图画为后竖帅幡、手执令旗的将帅；腹部图画为怀抱阿斗、单骑独斗曹军将士的赵云；圈足图案则是两名士兵，正手持刀枪互斗。故事画面上、中、下层次分明，颈、腹、足相互关联，在清代仿明青花人物画瓷瓶中还算较好的作品。

时代：清
来源：1976年广元征集
质地：瓷
尺寸：高62、口径20.8、足径19.1厘米

青釉堆粉青花故事瓷瓶

Blue-Glazed Duifen Blue-and-White
Porcelain Bottle with Story Patterns

Era: Qing Dynasty
Source: collected from Guangyuan in 1976
Material: Porcelain
Dimensions: Height 62, Mouth Diameter
20.8, Bottom Diameter 19.1cm

　　瓶作盘口长颈、圆肩收腹、平底微凸之
形，颈两侧堆塑对兽，兽尾拱曲为双耳。瓶
身全挂豆青釉，釉色白中泛青。其上采用堆粉
青花的技法，绘制三国故事"空城计"作为装
饰。堆粉青花是始于康熙时期，到清朝中期才
比较盛行的一种青花瓷工艺，俗称"青花堆
粉"或"青花加白"。烧制时先在瓷胎上用白
粉堆出图案轮廓，然后再在白粉上面用青花料
绘制图案细部，最后施釉烧制成器。花纹略显
凸起，具有一定的立体感。这件清代青釉堆
粉青花故事瓷瓶，司马懿等曹魏方人马形象尚
可，但城楼山石则表现得有始无终，画面不够
美观。

大西門

酱釉济公瓷立像

时代：近代
来源：1976年广元征集
质地：瓷
尺寸：高60.5厘米

　　南宋高僧济公和尚是民间著名的传奇人物，也是中国工艺作品中常见的人物形象之一。这件近代的济公瓷立像，以瓷土捏塑成形，施以白釉为人物肤色，以酱釉为衣服饰物，人物神态生动，造型比例恰当，衣物纹饰塑造精当，形神兼备地表现了济公和尚疯疯癫癫、不修边幅、不畏权贵、道行高明的神僧形象。

Brown-Glazed Porcelain Standing Statue of Jigong

Era: Modern Times
Source: collected from Guangyuan in 1976
Material: Porcelain
Dimension: Height 60.5cm

时代：近代
来源：1976年广元征集
质地：瓷
尺寸：长20.5、宽12.5、厚0.5厘米

Green-Glazed Porcelain Plate of Landscape and Figures

Era: Modern Times
Source: collected from Guangyuan in 1976
Material: Porcelain
Dimensions: Length 20.5, Width 12.5, Thickness 0.5cm

以彩釉绘画瓷板作为室内陈设，将其镶嵌在屏风、柜门、床架等处，这出现于明代中期，兴盛于清代中期，近代更出现了一些瓷画板的大师。瓷板画的品种多样，技法有青花、五彩、素三彩、斗彩、粉彩、墨彩、浅绛彩等，题材有人物、花鸟、鱼藻、山水及吉祥图案等，形制有长方、圆形、椭圆、多方、多角、扇面等。这件近代绿釉底山水人物瓷画板，形制为长方形，技法为粉青釉底酱彩画，题材为山水亭台人物，绘画采用国画中远山近水、枯树山石的画法，山水灵秀，树木苍劲，人物生动。

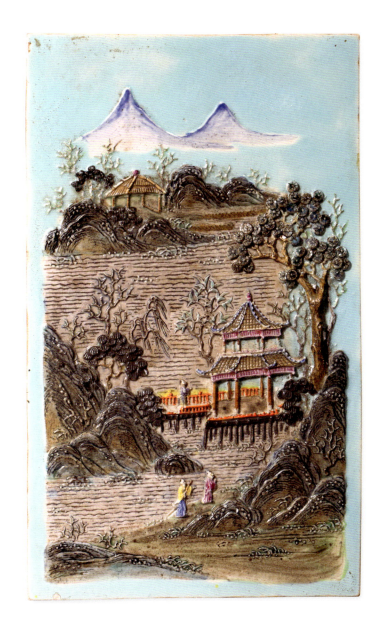

青釉酱彩山水楼台瓷板

时代：近代
来源：1976年广元征集
质地：瓷
尺寸：长20.7、宽12.6、厚0.45厘米

Blue-Glazed Porcelain Plate of Brown
Landscape and Buildings

Era: Modern Times
Source: collected from Guangyuan in 1976
Material: Porcelain
Dimensions: Length 20.7, Width 12.6,
Thickness 0.45cm

该近代绿釉底山水人物瓷板，形制为长方形，板面以天青釉为底色。其上用类似堆粉的技法描绘出画面内容，再施以酱彩为主色调的各种色彩，敷釉烧制而成。画面以一座周围绕以围墙的双层楼阁为中心，楼阁周围散布古树怪石，前后水面波光粼粼，一老三少正在这里游玩。河对面山峦起伏，小亭高塔掩映于树木之中。远方有两座高山，山以特殊的蓝白釉色表现，给人以云岭雪山的感觉。整幅画面风光佳美，人物怡然，表现出一派田园之乐。中国古代为农耕社会，传统文化中以渔樵耕读代表人们的基本生活方式和价值取向，并用以代表志向高洁、乐天知命的高尚品行。

时代：近代
来源：1976年广元征集
质地：瓷
尺寸：长20.5、宽12.5、厚0.5厘米

Blue-Glazed Porcelain Plate of Brown
Landscape and Figures

Era: Modern Times
Source: collected from Guangyuan in 1976
Material: Porcelain
Dimensions: Length 20.5, Width 12.5,
Thickness 0.5cm

这件近代青釉底的山水人物瓷板，整体画面近似皇泽寺博物馆所藏的青釉酱彩山水楼台瓷板，也是以水边岸际或水中岛洲的一座双层楼阁为中心，布置风景游人。但楼阁体量却明显缩小、近景山石比例增大，远山有所缩小且略微偏移至画面右侧，使得画面左侧的湖光天空显得更加空灵，构图生动。该瓷板画面中苍松翠柳，瓦屋朱栏，三人游冶，有归隐园林之乐，正是古代文人士大夫所追求的一种生活。

　　在中国的传统文化中，木材因有生命周期，被赋予了特别的象征意义，人们生时的住宅都要用木材来建造，并且这些住宅建筑不求其长久。相比之下，砖石这种无生命的材料，冰冷坚硬，可以长存，最适合于营造死者的归宿。古人重视先人的葬地和墓葬，砖石垒砌的墓葬也要极尽所能，加以美化和装饰。墓室画像就是这种给死者享用的艺术形式。

　　"汉画"是中国艺术四个主要范畴之一。四川的汉画包括了画像砖、画像石、墓阙及崖墓墓壁雕刻等几个类型。广元是四川汉代画像砖的一个分布区域，但广元汉代画像砖都属于画幅狭窄的侧面画像砖，也就是画像砖本身就是墓室的建筑材料，是兼有建筑作用和装饰作用的墓葬用砖，不是专门的装饰砖。这些汉代画像砖都是东汉时期的遗留，画像类型有辎车临阙、车马入阙、鹿车送财、富贵钱文等，记录了当时社会生产、生活和思想观念的一些侧面，是古代绘画和雕刻艺术结合的珍品。

　　四川宋代石雕艺术发展到一个高峰，皇泽寺内陈列的广元宋墓石刻，雕刻水平就相当精湛。风气所致，四川的宋代砖雕泥塑也达到了很高的水准，皇泽寺博物馆收藏的宋代画像砖，就是当时砖雕艺术的代表。这些画像砖与汉代画像砖一样，都是采取模制成形的方式，但在艺术表现手法上却差异很大。宋代画像砖往往截取单一的动物、人物、花卉作为表现对象，不是将多个母题集合在一块砖面上，而是由不同砖的画像构成墙面的某个主题。单个母题画像的表现手法，通常采用"剔地起突"的高浮雕形式，在素净的砖面上简洁明快地刻画出人物、动物和花卉的形态。有的画像砖还在模印的基础上，辅以简单的刻划线条，使画面的人物和动物更加传神。皇泽寺博物馆藏的奔牛、飞马图砖等就是此类作品的代表。

车马临阙画像砖一

时代：汉
来源：1987年广元昭化征集
质地：砖瓦
尺寸：长35.5、宽22.3、厚9厘米

Brick with Relief of Horse Carriages at the Que I

Era: Han Dynasty
Source: collected from Zhaohua, Guangyuan in 1987
Material: Brick
Dimensions: Length 35.5, Width 22.3, Thickness 9cm

　　这块汉砖一长侧面模印阳线的"车马临阙"画像。画面由双阙、单骑导从和一辆辎车组成，双阙表现成从前侧斜视，具有透视效果；一人骑在马上开路，即将从双阙间穿过；后面跟随的马车为双辕单马，上立伞盖，一人正持缰驾马跟随在导从之后。画像线条尽管朴拙，但画面却生动且富有动感。

车马临阙画像砖二

时代：汉
来源：2004年广元市中区赤化镇三觉寺征集
质地：砖瓦
尺寸：长29.4、宽26、厚8.4厘米

Brick with Relief of Horse Carriages at the Que II

Era: Han Dynasty
Source: collected from Sanjue Temple of Chihua Town,
Shizhong District, Gurangyuan in 2004
Material: Brick
Dimensions: Length 29.4, Width 26, Thickness 8.4cm

　　这块模印车马临阙画像的汉砖，左边双阙之间有一人腰悬长剑恭候，右边一辆轺车正向门阙驰来。双阙形制为单出重楼重檐式。轺车为双辕单马带盖车，车厢前部一人安坐。

车
马
门
阙
画
像
砖

时代：汉
来源：2006年广元昭化曲回坝鸭浮村汉墓出土
质地：砖瓦
尺寸：长35.5、宽26、厚8厘米

Brick with Relief of Horse Carriages at the Que

Era: Han Dynasty
Source: unearthed from a tomb of the Han Dynasty in
Yafu Village, Quhuiba, Zhaohua, Guangyuan in 2006
Material: Brick
Dimensions: Length 35.5, Width 26, Thickness 8cm

　　这块汉砖用减地法浅浮雕"车马临阙"图案，图案线条粗犷，带四边框。画面由左右两组图像组成。左侧是一辆单马双辕轺车，车上有驾车者而无乘车者。右侧是一对三檐单出阙，其间有一人拥彗而立（即手拿扫帚，清扫道路，表示对来访者的敬意）。二者间有纵向阳线分隔，或许表现车马与阙门之间尚有距离。

鹿车人物钱纹画像砖

时代：汉
来源：1984年广元石龙公社出土
质地：砖瓦
尺寸：长37、宽18、厚7.1厘米

Era: Han Dynasty
Source: unearthed from Shilong Commune
of Guangyuan Agricultural in 1984
Material: Brick
Dimensions: Length 37, Width 18,
Thickness 7.1cm

　　这块汉代鹿车人物钱纹砖略显粗糙笨拙，但画面却比较复杂。画像模印在砖的长边侧面，从前侧表现两车二兽一人前行的场景。前面为一人驾一动物牵引的辂车，后面是一双髻力士正手挽绳索用力牵引一辆单兽辂车，车后还特意表现两种钱纹。从牵引车的动物有长角、蹄为偶蹄来看，应为鹿，"鹿"与"禄"同音，再加上钱纹的存在，该砖的画面内容应是鹿车载钱，寓升官发财大富贵之意，是汉砖常见吉祥文字或图案。

五铢钱纹画像砖

时代：汉
来源：1987年广元征集
质地：砖瓦
尺寸：长34.8、宽27、厚9.5厘米

Brick with Relief of Wuzhu Coins

Era: Han Dynasty
Source: collected from Guangyuan in 1987
Material: Brick
Dimensions: Length 34.8, Width 27,
Thickness 9.5cm

　　这块汉砖的图案简明，以方圆大小、左右对称在规整中求变化。其两边是四枚相连的钱纹，好似铸钱的钱范；中间是一枚大的五铢钱纹，钱的外缘四角有四维，钱面有"五铢"字样。从"五铢"二字侧置的情况看，此砖图案应该以短边为上下，或许用于墓门两侧，或许用于墓顶中央。五铢钱是以重量作为货币单位的钱币，西汉武帝时开始发行五铢钱，确定了古代铸币圆形方孔的传统，外圆内方以象征天地乾坤。此砖图案可能也有类似的寓意。

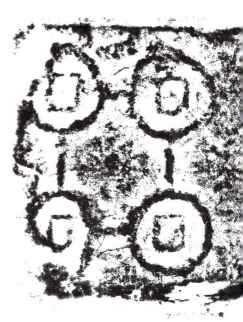

车轮钱纹砖

时代：汉
来源：2000年广元昭化曲回坝鸭浮村13社承
包田出土
质料：砖瓦
尺寸：长36、宽26.3、厚8.3厘米

Brick with Wheel and Coin Patterns

Era: Han Dynasty
Source: unearthed from a contracted field
of the 13th Commune of Yafu Village,
Quhuiba, Zhaohua, Guangyuan in 2000
Material: Brick
Dimensions: Length 36, Width 26.3,
Thickness 8.3cm

　　这块汉砖长边一侧的侧面模印车轮和钱
纹图案，图案皆为阳纹，中央是一完整的车
轮，两端各有半个车轮，其间各有两个上下相
连的方孔圜钱。图案的寓意是大富大贵。钱代
表有钱，车轮代表有车，而当时只有富贵人物
才能坐车（也有可能寓意以车载钱，也是富贵
之意）。虽然寓意富贵有点俗气，但图案简洁
明快，有一种质朴之美。

『富贵』子母砖

时代：汉
来源：1986年广元昭化鲍三娘墓附近征集
质地：砖瓦
尺寸：长34、宽23.5～30.8、厚9厘米

"Riches and Honor" Child-Mother Brick

Era: Han Dynasty
Source: unearthed near the tomb of Bao
Sanniang in Zhaohua, Guangyuan in 1986
Material: Brick
Dimensions: Length 34, Width 23.5-
30.8, Thickness 9cm

　　东汉时厚葬习俗遍及民间，砖室墓上多有吉语砖铭，常见"富贵""吉祥"等，最著名的要数传世的所谓"二十四字砖"。这些文字与图案花纹相互映衬，有特别的装饰之美。此砖两侧分别为凸榫和凹槽，向内一侧模印图案文字。阳文的"富贵"二字居中，两侧对称布置四合菱格纹。文字与菱形纹饰硬朗质朴，繁简搭配得当。

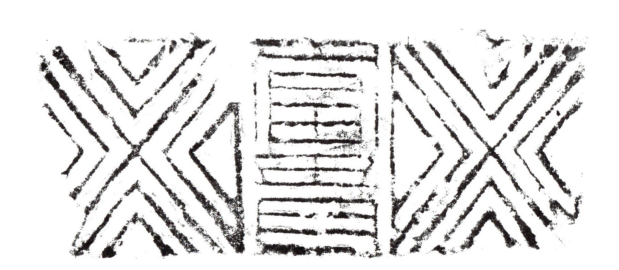

狮子图砖

时代：宋
来源：1990年广元下西乡民权村一组出土
质地：砖瓦
尺寸：长33、宽16.7、厚4.3厘米

Brick with Relief of Lions

Era: Song Dynasty
Source: unearthed from Group 1 of Minquan Village,
Xiaxi Xiang, Guangyuan in 1990
Material: Brick
Dimensions: Length 33, Width 16.7, Thickness 4.3cm

　　砖为长方形，砖的一面以阴线为边框，其内模印浮雕状的一头狮子。狮子口衔花绳系绣球作奔跑状，构图动感十足。狮子是百兽之王，威武凶猛，优美健壮而令人敬畏，古人认为狮子是瑞兽，能驱邪纳吉、镇屋守房、重义感恩、彰显富贵，所以以狮子形象为装饰是很常见的吉祥图案。绣球是用纺织品仿绣球花制作的圆球，也是常见的吉祥喜庆之物。

奔牛图砖

时代：宋
来源：1990年广元市重工技校出土
质地：砖瓦
尺寸：长24.5、宽12.8、厚3.5厘米

Brick with Relief of Running Cattle

Era: Song Dynasty
Source: unearthed from Heavy Industries
Vocational School of Guangyuan City in 1990
Material: Brick
Dimensions: Length 24.5, Width 12.8,
Thickness 3.5cm

　　这块长方形宋砖的砖面模印浮雕状奔牛图案，选择当时重要的生产工具，也是十二生肖之一的牛作为表现对象。牛的形体肥壮，绶带飘逸，扬起的牛尾再加以刻划的细线，动感十足，表现出初生牛犊不怕虎的原始生命力。

奔
鹿
图
砖

时代：宋
来源：1990年广元市重工技校出土
质地：砖瓦
尺寸：长24.7、宽12.5、厚3.5厘米

砖作长方形，在砖的宽面一侧模印浮雕状奔鹿图案。奔鹿作从侧上方观看的模样，但鹿的前、后内侧的腿都长于外侧的腿，给人一种焦点透视与平面透视并存的感觉。鹿性格温驯，又谐音"禄"，中国古代认为是一种纯善的瑞兽和神灵之物，有祥瑞之兆，能给人带来吉祥、长寿和财富地位，是深受喜爱的装饰图样，体现了人们对美好生活的向往追求。

Brick with Relief of Running Deer

Era: Song Dynasty
Source: unearthed from Heavy Industries
Vocational School of Guangyuan City in 1990
Material: Brick
Dimensions: Length 24.7, Width 12.5,
Thickness 3.5cm

奔马砖

时代：宋
来源：1990年广元市重工技校出土
质地：砖瓦
尺寸：长24.8、宽13、厚3.5厘米

Brick with Relief of Running Horses

Era: Song Dynasty
Source: unearthed from Heavy Industries Vocational
School of Guangyuan City in 1990
Material: Brick
Dimensions: Length 24.8, Width 13, Thickness 3.5cm

　　这件宋代模印浮雕状奔马图案砖，不但马鬃飞舞，四蹄后面还有表示奔跑速度很快的刻线，类似今日动漫中表示运动的方法，虽不如"马踏飞燕"高超，但也是相当领先的艺术表现手法了。马是商代才引入中国中心地区的驯化动物，却很快成为重要的工具性动物和民俗性动物（十二生肖之一），更因其速度、力量和性格之美而被赋予很多人格化的美德和祝福，是中国艺术中常用的题材和纹饰图案。

时代：宋

来源：1990年广元市重工技校出土

质地：砖瓦

尺寸：长31.8、宽12.5、厚2.1厘米

童
子
荷
花
图
砖

Brick with Boy-and-Lotus Relief

Era: Song Dynasty
Source: unearthed from Heavy Industries Vocational
School of Guangyuan City in 1990
Material: Brick
Dimensions: Length 31.8, Width 12.5, Thickness 2.1cm

　　宋砖模印童子荷花图案，表现出相当高的造型艺术水平，憨态可掬的童子裸坐于盛开的荷花上，侧身手执莲茎似在看水中游鱼嬉戏；几枝荷叶或偃或仰或正或背，几朵荷花有含苞有半开有全开，呼应变化非常生动，有荷色满目、荷香扑鼻之感。荷花在中国历史悠久，影响深远，不但有实用意义，更有非常丰富的美学价值和文化意涵，是高洁、和合、美好的象征。尤其是在佛教传入中国以后，佛教中莲花的象征意义也广为传布。此童子荷花图砖坐于莲花中的童子，或许就是佛教图像题材中的化生童子。

侍女图砖

时代：宋
来源：1990年广元下西乡民权村一组出土
质地：砖瓦
尺寸：长33.3、宽16.5、厚4.5厘米

这块宋代长方形人物图砖，当初是纵向嵌砌在建筑墙体上作为装饰。砖的宽面一侧模印高浮雕状的女性的侧面立像。从人物衣着打扮和姿势看，她可能是富贵人家的侍女。侍女头梳高髻，怀抱圆盘。其比例匀称，线条流畅，表情生动。

Brick with Maid

Era: Song Dynasty
Source: unearthed from Group 1 of Minquan Village, Xiaxi Xiang, Guangyuan in 1990
Material: Brick
Dimensions: Length 33.3, Width 16.5, Thickness 4.5cm

石榴花纹砖

时代：宋
来源：1974年广元南山宋墓出土
质地：砖瓦
尺寸：长24、宽11.7、厚3厘米

Brick with Patterns of Pomegranate Flowers

Era: Song Dynasty
Source: unearthed from a tomb of the Song Dynasty
at Mt. Nanshan of Guangyuan in 1974
Material: Brick
Dimensions: Length 24, Width 11.7, Thickness 3cm

　　这是一块作为附属装饰作用的长方形装饰砖，砖的宽面一侧留出宽阔的边缘。其内模印阳纹的折枝石榴花，写实生动，恬淡自然。石榴花大色红时长，叶子细密可观，果实色泽艳丽又美味，是深受喜爱的观赏植物和食用水果。特别是果实开裂时会有很多美丽的籽粒，谐音"多子"，符合中国重视多多生育子女的文化传统，所以成为十分流行的图案样式。

折枝石榴花纹砖

时代：宋
来源：1990年广元市重工技校出土
质地：砖瓦
尺寸：长27、宽12.5、厚3.5厘米

Brick with Zhezhi Patterns of Pomegranate Flowers

Era: Song Dynasty
Source: unearthed from Heavy Industries Vocational
School of Guangyuan City in 1990
Material: Brick
Dimensions: Length 27, Width 12.5, Thickness 3.5cm

　　该宋砖与本图录的石榴花纹砖基本相同，单花纹的清晰度更好。图案通过截取带有花头、枝叶的单枝石榴花卉作为素材，经平面整理和压缩取景，给人以透窗看花的感觉。折枝花最早是唐代出现的一种纹样，宋代折枝花流行，成为反映宋代审美意境的典型纹样之一。这件宋砖模印阳纹折枝石榴花虽不及宋代绘画之妙，但也枝叶茂盛，榴籽饱满，相当吉庆。

四川位于长江上游，佛教传入四川有逆长江干流而上和沿川陕蜀道而下两途，其汇聚之处自然是四川的首府成都。广元地处长江北部支流嘉陵江航段与古蜀道交汇的要冲，是四川佛教早期传播和后期发展的重要区域，留下了丰富的佛教遗存。

　　南北朝时期是四川佛教造像开始出现并流行的时期，这时期的广元一带处在南朝与北朝政权争夺的区域，梁天监四年至大同元年（505～535年），广元一带被北魏占据；大同元年至承圣元年（535～552年），广元一带又回归萧梁。梁元帝承圣二年即西魏废帝二年（553年），包括广元在内的全部四川被纳入北周版图。作为南朝和北朝佛教文化交互作用的区域，以及四川最早流行佛教造像的地域，广元不仅留下了皇泽寺、千佛崖、观音崖等众多地面的佛教石窟寺，那些已经毁弃成为遗址的佛教寺院，也不时有佛教造像出土。1983年和2001年，在广元城关镇北街的广元豫剧团宿舍工地一带，就先后出土两批佛教石造像计13件。这些造像包括北魏时期的延昌三年释迦文佛、一佛二弟子三尊像、佛头像等，南梁时期的妆金佛坐像、佛坐像等，西魏北周至初唐的田文约等造像碑、佛坐像、佛立像等，以及宋代的石香炉座，可见这里是一座延续时间很长的佛教寺院。这些佛教石刻造像现在都保存在皇泽寺博物馆，成为这一时期佛教地域史的实物见证。

广元的佛教造像高峰是在唐代，广元皇泽寺、千佛崖、观音崖的绝大多数龛像都为唐代的作品，就反映了这一点。宋代以后，川渝佛教造像的重心从川北向川东南转移。宋元之际的长期战争，破坏了四川的社会经济，佛教造像也一蹶不振。直到明代中后期，佛教寺庙和造像才又逐渐恢复。广元剑阁的觉苑寺、昭化下寺等明代庙宇，广元千佛崖前庙宇遗址出土的明代石刻造像，以及皇泽寺馆藏的明代时刻罗汉像，都是这时佛教造像的遗留。除此以外，皇泽寺博物馆还收藏有清代的四臂鎏金铜佛像，这是清代藏传佛教在藏区以外流传的实物例证。

本图录收录的佛教造像，就是皇泽寺博物馆佛教藏品的精华。

延
昌
三
年
释
迦
文
佛
石
像

时代：北魏
来源：1983年广元县城关豫剧团出土
质地：石
尺寸：高150、主尊高48、肩宽27、座高
22、宽50、厚32厘米

Stone Statue of Sakyamuni of the 3rd Year of
the Yanchang Period

Era: Northern Wei Dynasty
Source: unearthed from Chengguan Henan
Opera Troupe of Guangyuan in 1983
Material: Stone
Dimensions: Height 150, Height of the Buddha
48, Shoulder Width 27, Seat Height 22, Width
50, Thickness 32cm

　　石像为砂岩石质，头部已经脱落，背屏
也已残损。造像布置为一佛二弟子二菩萨，佛
结跏趺坐于佛坛上。头有高肉髻，右手上举施
无畏印，左手作与愿印。内穿交领襦，下部呈
三角形外垂于佛坛；外披对襟袈裟，袈裟下摆
对称如燕尾垂于佛坛。佛像两侧的弟子和菩萨
体态矮小，佛坛两侧还各有头朝前面的狮子一
只。造像从总体上来说，雕造简练，造型和线
条尚可，下摆及两侧胁侍就显得粗糙拙朴。造
像背屏刻有题记，共8行82字："延昌三年，
太岁在甲午，四月／廿日，梁秦显明寺比丘惠
楞与／平都寺比丘僧政等，觉世非常，／敬造
释迦文佛石像一丘，各／为亡者、现在眷属、
诸师、同／学、龙华三会，愿登物首。诸／劝
助者并润动众生，普同／此愿，得道如佛。"
延昌为北魏年号，延昌三年即514年。题记对
于研究广元历史和佛教都具有重要价值。

田
文
约
等
造
像
碑

时代：北周
来源：1986年广元县城关豫剧团出土
质地：石
尺寸：残高51.2、宽41、厚11.5厘米

Sculpture Stele of Tian Wenyue and others

Era: Northern Zhou Dynasty
Source: unearthed from Chengguan Henan
Opera Troupe of Guangyuan in 1986
Material: Stone
Dimensions: Remained Height 51.2, Width
41, Thickness 11.5cm

这件造像碑为圆弧形碑首，碑首阳面雕刻火焰，碑阳凿外有尖桃形龛楣的圆拱龛，龛内刻一佛二菩萨，佛头为螺髻，耳垂戴环；菩萨头戴华冠，身披繁复的璎珞。佛和菩萨的头光均为内圆外尖，但佛像头光花纹华丽，而菩萨头光则素净无纹。可惜该造像碑佛头以下大半残损，仅存佛肩部以上和右侧胁侍菩萨腿部以上，全碑情形已经不知。碑阴刻功德主姓名，原先至少有上下四排，现仅存上面三排文字可读："大都督晋寿郡守田文约，温州人也。大都督前宋/熙郡守小剑防主昌虑县开国子尉迟通，司州汲郡/人也。兴安县令刘约。（以上第一排）王洪伂、王奴、贾白眼、贾文扶、贾晃、贾鄁、勾洪敬、勾然（？）、贾伹振、仇仲平、贾历、贾合之、王林、李道进、养延佰、李□（以上第二排）王定宗、贾洪渊、贾春愎、王昂、王僧述、贾癸、勾□□、李□、贾……（以上第三排）"根据这些功德主姓名和官职可知，这是北周时期广元最高军政长官田文约等率领众人出资雕刻的造像碑，过去将此造像碑称为"刘约造像碑"，不确。该碑为分析广元皇泽寺和千佛崖同时期龛像提供了参照资料，非常重要。

石佛头像

时代：北魏
来源：2001年广元老城北街绵纱厂出土
质地：石
尺寸：残高43.3厘米

Stone Buddha Head

Era: Northern Wei Dynasty
Source: unearthed from Cotton Spinning
Mill in North Street of Old City,
Guangyuan in 2001
Material: Stone
Dimensions: Remained Height 43.3cm

　　北魏佛教雕塑造像是中国古代雕刻艺术的典范。北魏开凿的山西云冈石窟，造像粗犷、威严、雄壮，河南洛阳龙门石窟也是北魏开始修建的，其中的北魏造像大多趋向活泼、清秀、温和。面含微笑是北魏佛教造像的典型特征之一，佛的微笑给人一种深邃、宁静、圣洁中透出万般的慈爱之感，具有很高的艺术感染力。这件北魏佛头像，轮廓线条简洁流畅，面容慈悲，永恒的微笑十分迷人。

石佛坐像

时代：北魏
来源：1983年广元城关豫剧团出土
质地：石
尺寸：残高31厘米

Stone Sitting Buddha Statue

Era: Northern Wei Dynasty
Source: unearthed from Chengguan Henan
Opera Troupe of Guangyuan in 1983
Material: Stone
Dimensions: Remained Height 31cm

　　背屏式造像，像设组合为一佛二弟子，佛头部以上已经残损，右侧弟子几乎全毁。佛像外着通肩大衣，内着僧祇支，右手上举，掌心向外；左手放在半蹲的左腿上，手掌下垂；像的右腿盘曲，外衣下摆如燕尾状，左右分开垂于佛坛前。这件北魏佛教造像碑，虽然惜乎其已严重残损，但其美学价值还是很高的，我们可以从方形座上主佛的游戏坐姿、衣服垂下飘动的质感和褶纹的自然流畅，想见当年其雕刻之精工，想见佛、菩萨慈悲含笑的神态。

妆金石佛像

时代：萧梁
来源：1983年广元城关豫剧团出土
质地：石
尺寸：残高27.8厘米

Gold-Decorated Stone Buddha Statue

Era: Xiaoliang Dynasty
Source: unearthed from Chengguan Henan Opera
Troupe of Guangyuan in 1983
Material: Stone
Dimensions: Remained Height 27.8cm

　　这件石雕佛坐像，头与双手均残。佛外披长衣，内着僧祇支，双手举胸前，似施无畏与愿之印；双腿盘曲，结跏趺坐于仰莲座上，衣襟垂于莲座前。佛的衣服皱褶柔曼，颇似四川绵阳的平阳府君阙上的梁大通年间造像。原先佛像外表贴金，已大半剥落，仅身前部分残留。此躯造像佛身、衣饰和仰莲座造型准确，线条畅达，圆润饱满。

时代：北魏
来源：1983年广元城关豫剧团出土
质地：石
尺寸：残高30厘米

Remain of a Stone Bodhisattva

Era: Northern Wei Dynasty
Source: unearthed from Chengguan Henan Opera
Troupe of Guangyuan in 1983
Material: Stone
Dimensions: Remained Height 30cm

该红砂岩圆雕菩萨像仅存身躯中段，胸部以上和双足已残缺。右手情况不明，左手手臂前段已损毁，估计前臂略前举。上身着右袒络腋，胸前系带，两股长璎珞上搭左肩，从身前斜向下垂，在右腿边绕至身后。下身着长裙，裙腰外翻。缠腰的帔帛从举起的左臂上绕过，对称下垂于双腿之前，再向上挼于缠腰帔帛内。此石雕菩萨像尽管残损严重，但北朝造像在四川发现不多，对于了解这段时间广元的佛教历史和南北文化交流，还是有一定意义。

石佛头像

时代：隋
来源：1983年广元北街豫剧团出土
质地：石
尺寸：残高22.3厘米

　　北朝佛教造像多是北魏秀骨清像式，隋时人们已开始比较喜欢以富态为美。这件隋代石刻造像原先是带背屏的坐像或立像，佛像胸部以下已残毁，背屏也几乎残损殆尽，仅可见圆形的莲花头光残迹。佛像为高肉髻，面庞比较丰腴圆润，颈部还有三道纹痕，神态安详，嘴角微笑，正是承袭北朝造像启唐代造像的过渡时期的风格。衣着有特色，肩部似乎有一披肩，在胸前绕脖颈系结。

Stone Buddha Head

Era: Sui Dynasty
Source: unearthed from Guangyuan Beijie
Henan Opera Troupe in 1983
Material: Stone
Dimensions: Remained Height 22.3cm

陀罗尼石经幢

时代：唐
来源：1982年广元北街豫剧团基建工地出土
质地：石
尺寸：高47.5厘米

Stone Dharani Buddhist sutra pillar

Era: Tang Dynasty
Source: unearthed from the construction
site of Guangyuan Beijie Henan Opera
Troupe in 1982
Material: Stone
Dimensions: Height 47.5cm

　　佛教传入中国，特别是唐代中期佛教密宗传入，将起先书写在丝织幢幡上的佛教经典或佛像改为雕刻在石柱上，以保持历久不毁，称为"经幢"，多安置在通衢大道和寺院等地，也有安放在墓道、墓中、墓旁的。这件石经幢由一块石料整体雕凿而成，高不及半米，却包括了经幢的基本构成单元，即幢顶、幢身和基座三部分。幢顶由攒尖顶、八面重檐和方形底座组成，正面雕坐佛一躯。幢体为八面石柱形，上刻陀罗尼经咒。幢座分为两层，上层如鼓，下层为四方台。该经幢造型简单，是经幢发展早期的唐代实物，有相当珍贵的文物价值。

泗
州
大
圣
头
像

时代：明
来源：1986年5月广元煤建公司出土
质地：石
尺寸：残高23.5厘米

Statue of the Buddha of Si Subprefecture

Era: Ming Dynasty
Source: unearthed from Guangyuan
Meijian Company in 1986
Material: Stone
Dimensions: Remained Height 23.5cm

　　佛教雕刻造像艺术跟佛教在中国的传播
发展情况一样，在唐宋达到高峰，明清逐渐
衰落。这件圆雕石像仅存头部，头戴风帽，
头部圆润且稍长，面部形象较为严肃。从造
型来看，时代应为明代，身份以罗汉的可能
性较大。

金
铜
四
臂
观
音
坐
像

时代：清
来源：1982年广元征集
质地：青铜
尺寸：通高13厘米

Gilded Copper Four-Arm Sitting
Avalokitesvara Statue

Era: Qing Dynasty
Source: collected from Guangyuan in 1982
Material: Bronze
Dimensions: Overall Height 13cm

西藏金铜佛像和造像艺术在元明时期传入内地已多，清朝也非常重视藏传佛教，内地更有大量的西藏鎏金佛像或西藏风格的佛像。这件清代鎏金四臂观音坐像具有藏式佛教造像风格。例如佛身胸部呈三角形、腰部明显较细、头额饱满宽广、面略显方圆、神态含蓄温雅端庄。这件观音像头顶化佛冠，耳坠莲花珰，戴项圈、璎珞、臂钏，帔帛绕臂，正面双手合十，后面一手持莲花，一手中指、拇指相捻，结密宗的说法印。造型比较复杂，工艺也相当精美。

　　书法和国画，是有着历史悠久的富中国特色的艺术形式，但因材质不易长久保存，流传至今的古代书画只是当时的一小部分。广元地处川北门户，历史上战乱频繁，世家大族流传下来的书画作品有限。皇泽寺博物馆收藏的书画，都是先前广元县文化、文物部门早年征集的藏品，数量尽管不多，却也有若干精品，弥足珍贵。

　　皇泽寺博物馆的书画藏品包括明代、清代和民国三个时代的作品。被鉴定为明人的绘画作品是款识不清的绢本设色山水人物画。另有一幅文徵明款的设色人物画，可能是后人伪托。清代作品中绘画仅有潘作梅水墨山水单条，书法作品则有王杰楷书斗方、张问陶行书单条、何绍基行书对联等，这些有的是当时名臣，有的本来就以诗书驰名。其中尤其应该提到的是王杰楷书斗方，这是他为浙江海宁西路盐场图所撰写的说明文字，图已不见，但文字对了解当时海宁西路盐场灶户数量、盐卤来源、食盐产量、征税额度、政府管理等，都很有帮助。民国年间的书法作品仅毛畅熙行书单条。该单条年代尽管不早，但毛畅熙本来就曾卖字谋生，书法造诣还是较高的。

　　卷轴书画是我国艺术传统的重要组成部分，创作书画不仅表现技巧高低，其中常常包含着作者的思想感情。而欣赏者观摩书画，审美愉快身心之外，也可唤起共鸣同感，神交古人。

设色人物山水画

时代：明
来源：1972年广元征集
质地：绢
尺寸：纵50.07、横33.7厘米

Colored Figure and Landscape Painting

Era: Ming Dynasty
Source: collected from Guangyuan in 1972
Material: Tough Silk
Dimensions: Length 50.07, Width 33.7cm

　　这幅明代绢本设色山水人物画，虽然破损比较严重，但仍然可见其气韵生动的佳作风貌。画面表现七位老者立于高崖怪石下，似乎正等待随从童子安排场地，准备进行一项活动的场景。其线条细劲流畅，调色淡雅，山水施以小青绿法画，人物造型比例准确，体态神态皆活泼含情。从右有童子抱古琴、中有童子侍候，成年人皆衣冠楚楚、文质彬彬、神情端庄，可知画面描绘的高人雅士在山水之间聚会作乐。画幅右上侧有行草提款："山林之乐者，放□□□夕阳。中秋日。□□。"钤印三方，题款左上侧的印已漫漶不清，右下侧的两方印，一为"□峰"，一为"□小百作"。

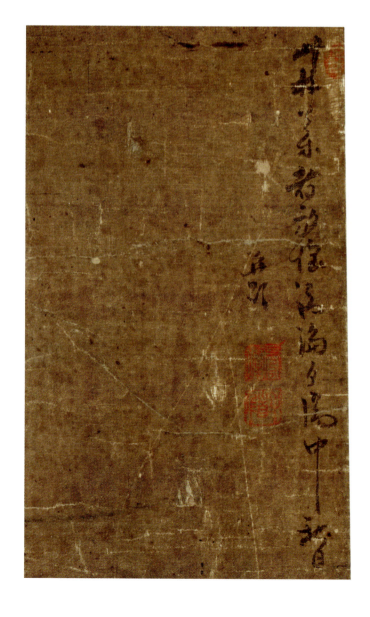

潘
作
梅
水
墨
山
水
单
条

时代：清
来源：1978年广元征集
质地：纸
尺寸：纵175.5、横48.3厘米

Ink and Wash Landscape Single Scroll by Pan Zuomei

Era: Qing Dynasty
Source: collected from Guangyuan in 1978
Material: Paper
Dimensions: Length 175.5, Width 48.3cm

　　画面为深秋的山居景象。近景是怪石嶙峋的河岸，山居水榭掩映在古树丛中。中景是高山陡崖，瀑布高挂，激起水气云烟。远景是连绵山川，平远空旷。在画面右上角有行书的题画诗："翠微山下古木青，山前瀑布冷森森。避世无客柴扉静，解得幽居自闲人。"诗意与画面意境正好相称。落款是"戒平潘作梅"，并有"戒平"和"潘作梅印"两方印章。作者潘作梅，字肖野，号戒平，清代浙江乌程（今湖州）人，雍正元年拔贡，官至海宁学正。潘博学多艺，精于书画，所画山水有元倪瓒之笔意，给人以疏林空寂、幽秀旷逸之感。

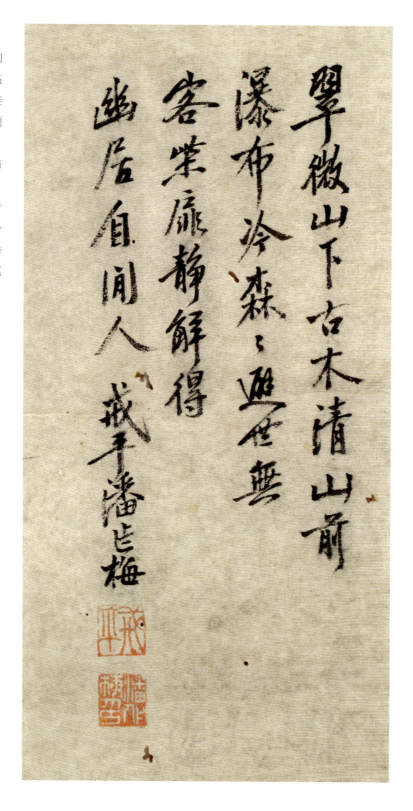

王杰楷书斗方

时代：清
来源：1972年广元征集
质地：绢
尺寸：一幅纵28.2、横23.5厘米，一幅纵
28.3、横23.6厘米

Regular Script Doufang by Wang Jie

Era: Qing Dynasty
Source: collected from Guangyuan in 1972
Material: Tough Silk
Dimensions: Length 28.2, Width 23.5;
Length 28.3, Width 23.6cm

这幅斗方，绢本，楷书，题为"西路场图说"，可知是为浙江海宁西路盐场图所撰写的说明文字。全文共8行255字："该场坐落杭州府海宁县境，东至黄湾，西接许村，南临大海，北抵县治。离省城一百五十里，县城三十四里，水陆途程相等。计聚二十一团，周围竹篱，一门启闭。额灶一百九十八座，铁锅煎盐，每灶日产盐二引四五分不等。每引约用卤二十余担，柴六百觔，现在成本需零，随时增长，不能一定。近今沙淳坍没，具赴对江三东等场，购卤运煎。十灶立一甲长，稽报查比，盐交嘉商收配，每□产盐五万余引，有盈无绌。运赴嘉所由，宁邑之东方桥，经海盐、榆城等处，直达所前场境，有县捕场役，分布巡查；运河一带，奉设长安千总，带兵周历，是以向无大伙私枭。兵弁俸工，于道库引费项下支给。该场斥澌之区，计丁授地，额征灶课，四百五十七两零，按丁征解，科则匀等。"后落款"王杰"，并有圆、方印各一，印文难辨。作者王杰，字伟人，号惺园，陕西韩城人，清朝名臣，乾隆年间状元，官至内阁学士、军机大臣，嘉庆时为首辅，去世后追赠为太子太师，谥文端。王杰在朝四十年，忠清劲直，老成端谨，不结党营私，不趋炎附势。本幅书法端正工严，一如王杰之为人为官。

横浦場圖說

該場坐落江南松江府金山縣境東至海西接平湖南瀕大海北連金邑民地離前省

會城三百六十里本聚五團仍築圍墻編柱五十一座鍋盤止用每灶日煎盬一引有零

每引刷滷十七八擔燒柴六百餘斤成全以柴滷貴賤為準向配松南李引六千

餘引有盬無舡措比之法向責團保業壯嘗察場役輪流催於場商量給工食

場員五日赴比以觇勤惰離盬由歷運敏余治采家渡洛汀潭等處敗換大舡

所逸軍該場地當江浙交界昆陳盧歷堤捥簪家概一帶水面稍豁稠稠兇惡等團員

张问陶行书单条

时代：清代
来源：1972年广元征集
质地：纸
尺寸：纵82.7、横29厘米

Semi-Cursive Script Single Scroll by Zhang Wentao

Era: Qing Dynasty
Source: collected from Guangyuan in 1972
Material: Paper
Dimensions: Length 82.7, Width 29cm

　　单条边缘残损，已经过裁剪，文字为行书七言诗一首："笑把功名付子孙，稻花香里课鸡豚。真成绳索风何在，不慕浮云道已尊。小隐深山能化俗，太平高士合旌门。神仙修到心如海，日饮无妨酒百樽。"落款仅"船山"二字，下钤印两方，一为"张问陶印"，一为"庚戌翰林"。张问陶，字仲冶，号船山，四川遂宁人，清代乾嘉时期杰出的诗人、书家和名宦。出身于官宦世家，乾隆年进士，曾任翰林院检讨、江南道监察御史、吏部郎中、山东莱州知府，晚年寓居苏州，遨游大江南北。张才华横溢，诗名天下，有《船山诗草》存诗3500多首；且善于断案，被乾隆御封为"大清神断"。其书法师米芾，别具一格，尤为四川士绅所喜爱。

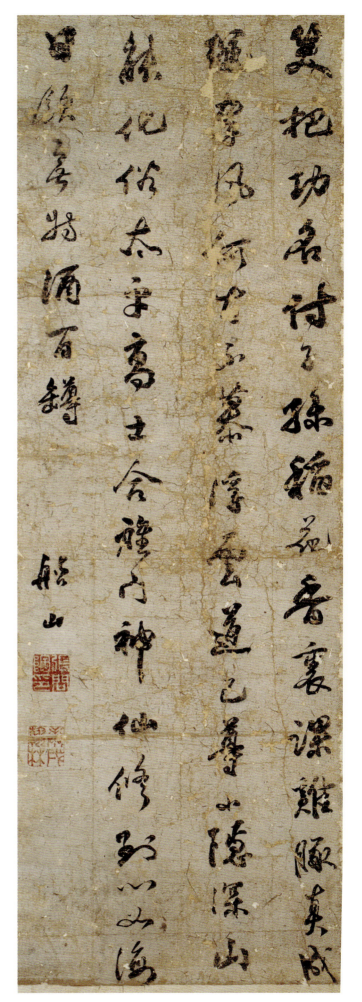

莫把功名付子孫，編書香裏課兒成。隨雲風何必逢茶和，浮雲遠已薹水隱深山。醉花俗太平高士會，醴内神仙修到山如海，日頃高將酒百轉。

船山

文徵明款设色人物画

时代：清
来源：1972年广元征集
质地：绢
尺寸：纵28.1、横39.5厘米

Colored Figure Painting with Inscription by Wen Zhengming

Era: Qing Dynasty
Source: collected from Guangyuan in 1972
Material: Tough Silk
Dimensions: Length 28.1, Width 39.5cm

　　这幅工笔设色人物画不作背景，中绘老者扶杖，侧有童子用托盘捧寿桃，右有中年男子手持寿桃回顾。人物造型适当，线条流利，施色淡雅，所有人物均神态快乐安详，一幅太平欢乐之象。右上角署款"长洲文徵明写"。文徵明系明四家之一，长洲（今江苏苏州）人，明代著名画家、书法家、文学家。此画应为清人模仿，不是文徵明亲笔。

光瓒行书斗方

时代：近代
来源：1972年广元征集
质地：纸
尺寸：纵33.8、横33.8厘米

Semi-Cursive Doufang of Guangzan

Era: Modern Times
Source: collected from Guangyuan in 1972
Material: Paper
Dimensions: Length 33.8, Width 33.8cm

　　这件行书斗方书录《李九嶷养兰诀》以送"顺之先生法正"，全文为："闽中黄琴趣先生授予养兰诀云：'春勿出，秋勿入，夏勿干，冬勿湿。'盖春气虽和，未至谷雨，即清晨有薄霜，最能损兰，不宜轻出。四时惟秋露最能繁卉木，经夏焦灼之后，必得此一香浓厚之露气，濡养两月，方得含膏孕秀，以来春发舒。若早置室中，则润浅而易槁矣。夏之频灌以救枯，冬之远湿以避冻，固常理也。自得此诀盆兰弥茂。"落款为"弟光瓒"，两方钤印也是篆书的"光""瓒"各一字。书者光瓒失考，所书内容与明末清初的庄继光《翼谱丛谈》收录的《李九嶷养兰诀》对照，仅两字不同（光瓒书本"谷雨"后多一"即"字，"来春"前少一"待"字）。书法秀丽妩媚，受明代董其昌影响较深，又受清朝晚期尊崇北碑的影响而间有隶书、魏碑笔意。

闽中黄琴趣先生授余养

兰诀云春勿出秋忽入夏勿

乾冬勿湿盖春气难和末宜

穀雨即清晨有青霜最好

候兰不宜轻出四时推秋露最

繁卉朱任夏焦灼之故必得此

一番浓厚霜气隔卷两月方浮

舍膏字多以来春发舒茂养置

宝中则润浅雨易稿美夏之颗

何绍基款行书对联

时代：清代
来源：1978年广元征集
质地：纸
尺寸：纵165、横38厘米

Semi-Cursive Couplet with Inscription by He Shaoji

Era: Qing Dynasty
Source: collected from Guangyuan in 1978
Material: Paper
Dimensions: Length 165, Width 38cm

行书七字对联一副，上联为"高堂大戴相终始"，下联为"左传公羊各废兴"。"高堂"是汉初鲁国的高堂生，据说他传《仪礼》之《士礼》十七篇；"大戴""左传""公羊"分别指《大戴礼记》《春秋左氏传》和《春秋公羊传》三部儒家经典。落款为"子贞何绍基书"。署印两方，一为"何绍基印"，一为"子贞"，均为篆体。何绍基，字子贞，湖南人，曾任四川学政。何精通经史，长于金石碑版，晚清著名书法家，其书专攻颜体，又探源篆隶，自成一格。平生作书以对联为多，被誉为"书联圣手"。本联有比较明显的何氏风格，但是否是何绍基的作品，还待存疑。

高堂大戴相終始

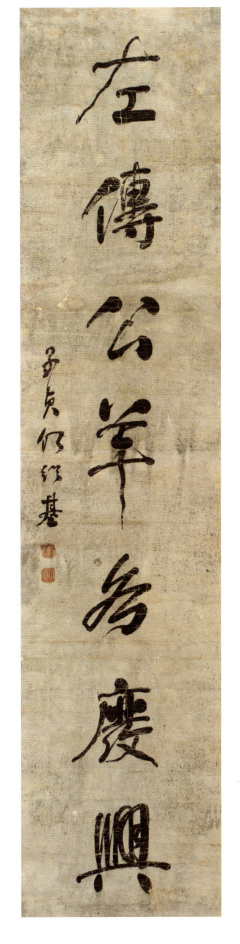

左傳公羊務慶興

乙亥何紹基

毛畅熙行书单条

时代：近代
来源：1972年广元征集
质地：纸
尺寸：纵131、横28.1厘米

Semi-Cursive Single Scroll by Mao Changxi

Era: Modern Times
Source: collected from Guangyuan in 1972
Material: Paper
Dimensions: Length 131, Width 28.1cm

　　此幅行书单条录自作七言诗一首："日日抄书懒出门，小窗弄笔到黄昏。丫头婢子忙匀粉，哪管先生砚水浑。"落款是"丙戌秋，毛畅熙"。署印两方，一为"毛畅熙印"，一为"畅熙四十□率作"。作者毛畅熙（1899—1960），字盛华，四川岳池县人。民国时担任过冯玉祥的秘书，曾任《民强日报》社长、《济川公报》总编辑。抗日战争爆发前夕，毛以"当此国难紧急之期，吾人为尽匹夫之责，实有发刊报纸，警省国人共起救亡之必要"，创办《四川日报》并自任董事长，宣传抗日救国，后因经费困难而停办。毛畅熙书法学赵体，流畅秀润，颇受好评。

日ゝ抄書懶出門小窗弄筆到黃
昏了頭婢子悩自粉不等官先生硯
水渾

丙戌秋色暢齡

在中国传统工艺美术作品中，竹木、象牙、玉石、黄金、珐琅，各以其独特的材质和色泽之美，为人们所看重。只因这些材质的文物，或因稀罕贵重，或因保存不易，在文物中难成大类，才每每被归入"杂件"之属。

竹木在自然界广泛存在，易于采集和加工，是最早被人们用来制作工具和用器的材料，云南江川县甘棠菁遗址就出土过上百万年前的木制品。这种竹木加工的器具和工艺品，以后一直是人们家居、日用和装饰的重要类型，只是竹木制品过于寻常且难以长久保存，现在各个文博收藏单位的古代竹木制品并不多见。皇泽寺博物馆藏传世的东坡游赤壁竹搁臂，就是一件较好的清代竹雕作品。

野生动物从远古时代起就是人们重要的食品来源，动物坚硬的骨头和牙齿，自然成为人们除肉食以外可以利用的重要材料。古人用动物的骨头制作工具，用动物的牙角制作饰件（当然也包括工具，如解带结之觿）。随着人类技术的进步，可以制作工具的原材料如铜、铁之类增多，动物骨头逐渐为人们所舍弃，但牙角却因为其细腻美观的材质，仍然长期作为雕刻工艺的门类之一。皇泽寺博物馆藏八仙人物牙雕，尽管已是现代象牙工艺制品，却也是牙雕工艺源远流长的一个见证。

玉石作为一种质地坚硬、色泽美观且产地有限的特殊石料，很早就被人们所认识，并将其作为原始宗教用具、随身装饰用品和某些用途的工具。早在新石器时代，玉器就成了具有某些象征意义的礼仪用器，以后在青铜时代和铁器时代，玉器也始终没有失去在人们心目中的尊崇地位。《礼记·玉藻》："古之君子必佩玉……凡带必佩玉，唯丧否。佩玉有冲牙，君子无故，玉不去身，君子于玉比德也。"皇泽寺博物馆所藏的玉器，有宋代的四出云纹玉件和狮纽玉印，清代的三龙纹玉如意，其年代虽不很古老，造型却也雅致可观。至于皇泽寺博物馆藏仿宋铭文龙纹端砚和瓦形抄手端砚，尽管都属于石质文物，但砚台是中国古代文人用毛笔写字或作画的必备之物，又是摆放在书房案头为自己所用和朋友所看的摆设，因而受到了极大的重视，被视为"文房四宝"之最，将其与特殊的美石玉器同归入"杂件"一类，应该也是可以的。

黄金因数量稀少，不易获得，且成分稳定，可永久保存，从古至今都被作为一种贵重金属和储存手段受到人们的珍爱。黄金还具有硬度不高却延展性好、容易加工而永不褪色等特点，因而也是制作各种贵重的饰件或器皿的优良材料。黄金的这些属性和特点，使得古今中外的人们都对它有浓厚的兴趣，人们除了用黄金作为装饰品外，还用它来制作高级的器皿。皇泽寺博物馆所藏的清代錾花柳叶形金耳勺、花朵形金饰件，反映了当地人们的时尚和追求。

在皇泽寺博物馆的藏品中，还有一对掐丝珐琅双龙戏珠瓶，这是一种采用特殊工艺的铜胎制品，这样的器物出现在广元，可知色彩艳丽的景泰蓝器自明代以后已广泛被人们所接受了。

时代： 宋
来源： 1978年广元铁路中学出土
质地： 玉
尺寸： 直径3.4、厚1.3厘米

Sichu Jade Article with Cloud Patterns

Era: Song Dynasty
Source: unearthed from Tielu High School of
Guangyuan in 1978
Material: Jade
Dimensions: Diameter 3.4, Thickness 1.3cm

　　这块宋代云纹白玉器质地温润可人，造型有点类似今天的象棋子，一面有黄色石皮。双面中央皆刻略微凸起的圆心，周边刻出凸缘。其间刻四个对卷云纹，侧饰方形雷纹。两面构图颇似汉代的云纹瓦当，整体美观大方。

狮
纽
玉
印

时代：宋
来源：1978年广元铁路中学出土
质地：玉
尺寸：高3.4厘米

Lion-Nose Jade Seal

Era: Song Dynasty
Source: unearthed from Tielu High
School of Guangyuan in 1978
Material: Jade
Dimension: Height 3.4cm

　　这方宋代玉印，质料白中透青，但透明
度欠佳。印上有卧狮纽，狮的双腿间有圆孔，
可以系绶携带；印体作方台覆斗形，印面尚未
刻印文。整个浑然一体，简洁雅致。

时代：清
来源：1976年广元征集
质地：玉
尺寸：通长37.7厘米

Three-Dragon Jade Ruyi

Era: Qing Dynasty
Source: collected from Guangyuan in 1976
Material: Jade
Dimensions: Overall Length 37.7cm

　　"如意"主要起源于古代民间搔痒用工具，后演变而成一种有实用价值的工艺品，并被赋予"万事顺利，吉祥如意"的寓意。这柄清代玉如意选取青白相间的玉料，如意头部作桃形，其正面刻桃树一株，树下有飞翔的蝙蝠和回首的奔鹿，桃树以寓长寿，蝙蝠以寓多福，奔鹿则寓意多禄。波曲状的扁平长柄从背面勾结如意头，柄上立体浮雕三条螭龙，三龙的体量从柄端向上逐渐缩小，其中柄端一龙转身攀爬于如意头上。该器造型巧妙，雕刻精工，是玉如意中的佳品。

时代：现代
来源：1974年广元征集
质地：象牙
尺寸：高10～11.8厘米

Ivory Carving of the Eight Immortals

Era: Contemporary Age
Source: collected from Guangyuan in 1974
Material: Ivory
Dimension: Height 10－11.8cm

这组近现代象牙八仙雕刻，温润细腻，雕琢圆滑，工艺精细，只是缺失一仙。牙雕按照明代以来民间传说中八仙的形象进行表现，比较生动地表现了人物的特征，稍知八仙传说的人都能辨析出其中的蓝采和、韩湘子、吕洞宾、何仙姑、张果老、曹国舅、铁拐李，缺失的一位自然就是汉钟离了。

錾花柳叶形金耳勺

时代：清
来源：1985年广元党校出土
质地：金
尺寸：长19.4厘米

Gold Willow-Leaf Ear Pick with Chiseled Patterns

Era: Qing Dynasty
Source: unearthed from Guangyuan Party School in 1985
Material: Gold
Dimensions: Length 19.4cm

　　这件清代黄金耳勺为捶揲而成，分前、后两段，前段为普通耳勺形态，即前为小勺，后有圆茎，茎的中段做成串珠形；后段呈柳叶形或宝剑形，叶面上有精细的錾花，錾花主要作带边栏的折枝花的模样，但尾部錾花则变为藤蔓花叶纹。前、后段之间还有类似剑格的三卷云、双箍带及单包袱装饰。在耳勺后段的背面，还錾有"兴隆赤金万锤"的文字，"兴隆"二字较大，或许是制作这件金耳勺的店铺名称。

花朵形金饰件

| 时代：清 |
| 来源：1974年广元羊木公社出土 |
| 质地：金 |
| 尺寸：直径1.8厘米 |

Gold Flower-Shaped Accessory

Era: Qing Dynasty
Source: unearthed from Yangmu
Commune of Guangyuan in 1974
Material: Gold
Dimensions: Diameter 1.8cm

　　这些清代花朵形金饰件共计21件，模压而成，工艺比较简单。每朵花形饰件造型相同，都是中有圆心五星状花蒂，从花蒂处分出放射形分瓣线，与花朵的边缘线相连，每瓣花又细分为两瓣。在每朵花的花瓣边缘都有五个小穿孔，这些金花朵原先应该是用线缝缀在头饰或衣服上的饰件。

时代：清

来源：1978年广元征集

质地：石

尺寸：长26.6、宽16.7、厚7.8厘米

『元丰七年』铭龙纹端砚

Duan Inkstone with Dragon Patterns and inscription of "The 7th Year of the Yuanfeng Period"

Era: Qing Dynasty
Source: collected from Guangyuan in 1978
Material: Stone
Dimensions: Length 26.6, Width 16.7, Thickness 7.8cm

　　这方清代仿宋龙纹端砚，石质上乘，雕刻精细，可谓佳品。砚为扁长方体，四侧壁及砚面周边雕刻五条穿云龙纹，长方形砚池前端中有一石眼呈珠状，与左右侧两条龙头组成二龙戏珠图案。砚壁一侧刻"元丰七年制"铭记，可能是以此暗示此砚台与宋代四川籍大文豪、书法家苏东坡的关系。东坡收藏过很多砚台（包括端砚），且好在砚上刻作铭文，传世东坡砚较多，宋神宗元丰七年（1084年）至少有三方砚与东坡有关：一是东坡元丰七年复得砚。东坡小时候得一美石，父亲将此石制成砚台送给他，后来他因贬官黄州，颠沛流离，找不到此砚，却于元丰七年又偶然在行李中找着了。东坡百感交集，作《天石砚铭并叙》，并把此砚交给儿子作为传家之宝。二是东坡元丰七年为子所作砚。东坡给即将赴任县尉的长子苏迈一方砚台作为纪念，并作《迈砚铭》作为告诫和勉励。三是东坡元丰七年所获龙尾砚。东坡一直想得到一方歙州（今安徽婺源县）龙尾砚，元丰七年，他用铜剑跟张近换得一方龙尾子石砚，并作《剑易张近龙尾子石砚诗跋》记载此事。此砚刻"元丰七年制"，正是用伪刻纪年的方式来抬高此砚的身价。

瓦形抄手端砚

时代：清
来源：1956年7月广元征集
质地：石
尺寸：长16.6、宽9.5、厚5.1厘米

Tile-Shaped Chaoshou Type Duan Inkstone

Era: Qing Dynasty
Source: collected from Guangyuan in July 1956
Material: Stone
Dimensions: Length 16.6, Width 9.5, Thickness 5.1cm

　　"端砚"是中国名砚之一，石质坚实细腻，研墨快而不滞，砚心水气久久不干，有"呵气研墨"之说。这方清代端砚砚面呈弧形，整体外形如覆瓦，有模仿汉瓦砚之意；砚台两端下卷为足，砚底挖空，前高后矮，可以手抄砚，故被称作抄手砚。砚面的椭圆形砚池位于中后部，砚池上端有月牙形的水池，池边有一天然石眼，给沉静的砚台平添动感和俏色。

时代：清
来源：1975年广元征集
质地：铜
尺寸：高10、口径3.4、足径3.3厘米

掐丝珐琅双龙戏珠瓶

Filigree Enamel Bottle with Patterns of "Two Dragons Playing with a Ball"

Era: Qing Dynasty
Source: collected from Guangyuan in 1975
Material: Bronze
Dimensions: Height 10, Mouth Diameter 3.4,
Bottom Diameter 3.3cm

这对清代掐丝珐琅双龙戏珠纹瓶，以铜做出壶侈口曲颈、圆肩鼓腹、圆台圈足的胎体，以铜丝掐焊成游龙、云朵及口足处花瓣和水波的轮廓，然后填敷以黑底以及黄、红、青、蓝色的釉彩。其掐丝技术娴熟，线条均匀流畅，色釉艳丽且种类多样，但缺透明温润的质感，当系晚清作品。

东坡游赤壁图文搁臂

时代：民国
来源：1975年广元征集
质地：竹
尺寸：长27.2、宽7.5、厚0.9厘米

Arm Support with Patterns and Texts about Su Dongpo Touring Chibi

Era: Republic of China
Source: collected from Guangyuan in 1975
Material: Bamboo
Dimensions: Length 27.2, Width 7.5, Thickness 0.9cm

　　"搁臂"是一种文房用品，即用毛笔书写时枕搁腕臂以帮助抬起手臂所用。这件民国时期的竹搁臂，镌刻苏东坡与友人乘船游夜赤壁的故事，并刻东坡《前赤壁赋》中句子："月出于东山之上，徘徊于斗牛之间。白露横江，水光接天。"书法静美，画面生动，山石树木、人物舟船无不刻工精细，竹瓦更因久经汗浸而泛包浆的红色，可谓文玩良品。

皇泽寺博物馆是集全国首批重点文物保护单位皇泽寺摩崖石刻造像的保护、管理、利用和广元市文物中心库房馆藏文物的保护、管理利用于一体的综合性博物馆。

为反映"剑门蜀道、女皇故里"厚重的历史文化底蕴，让收藏在博物馆里的文物活起来，2015年初，皇泽寺博物馆决定编辑出版《皇泽精藏——皇泽寺博物馆藏品集萃》。

《皇泽精藏——皇泽寺博物馆藏品集萃》是广元首部系统、全面并公开出版的以馆藏文物为主要内容的书籍。我们从皇泽寺博物馆众多藏品中遴选出130件（组）具有较高历史、文化和艺术价值的文物编辑成册，分为石器篇、铜器篇、陶瓷器篇、画像砖篇、佛教造像篇、书画篇、杂件篇，共收录图片200余张。

本书筹备出版期间，得到了四川省文物局、广元市文化广电新闻出版局的积极鼓励。北京香山书院崔人元老师提供了帮助。特别是北京大学考古文博学院学术委员会主任、文化遗产保护研究中心主任、博士生导师孙华教授百忙之中为我们修改、补充和强化了器物文字说明，并为本书作序。在此，我们一并表示最衷心的感谢。

在编辑过程中，虽然我们尽了最大努力搜集整理资料，但书中难免存在欠妥和不足之处，敬请读者批评、指正。

皇泽寺博物馆

2016年10月